Stratego 7

Übungen zum Rechtschreiben

Erarbeitet von:
Roland Henke
Prof. Dr. Wolfgang Menzel
Ingrid Rinke

Illustriert von:
Julia Kaergel

westermann

Liebe Schülerin, lieber Schüler,

mit diesem Arbeitsheft kannst du deine Rechtschreibung trainieren. Um dir den Einstieg zu erleichtern, sind die Seiten dieses Heftes für dich in Blöcke zusammengefasst. In einem Block wird immer nur ein Rechtschreibproblem gezielt behandelt. Du kannst selbst entscheiden, mit welchem Block du anfängst.
Innerhalb eines Blockes solltest du mit der ersten Seite beginnen, denn sie ist am einfachsten zu bearbeiten. Die meisten Seiten haben am Anfang einen Merkkasten. Wenn du diesen aufmerksam durchliest, weißt du alles, um die Aufgaben erfolgreich zu lösen – vielleicht sogar die Aufgaben für Profis. Diese erkennst du an der Glühbirne. Sie sind schwerer als die übrigen Aufgaben. Zum Überprüfen der gelösten Aufgaben stehen dir ein Lösungsblatt und eine Wörterliste zur Verfügung. Ein aufgeschlagenes Buch ist ein Hinweis auf die Wörterliste, die du auf den Seiten 3-4 im Lösungsblatt findest.

Jeder Block endet mit einer Übungsseite und einer *Überprüfe dich selbst-Seite*, auf der du dein Rechtschreib-Wissen testen kannst. Bei dem Test gehst du am besten so vor: Löse zuerst alle Aufgaben. Einige davon sind ganz schön knifflig! Überprüfe dann mithilfe des Lösungsblattes, ob du alle Aufgaben richtig beantwortet hast. Setze für jede richtig gelöste Aufgabe einen Haken in den Kringel. Je mehr Haken du setzen kannst, desto besser!

Viel Erfolg!

© 2015 Bildungshaus Schulbuchverlage Westermann Schroedel Diesterweg Schöningh Winklers GmbH, Georg-Westermann-Allee 66, 38104 Braunschweig
www.westermann.de

Druck A[10] / Jahr 2025
Alle Drucke der Serie A sind im Unterricht parallel verwendbar.

Die Seiten dieses Produkts bestehen zu 100 % aus Altpapier.

Damit tragen wir dazu bei, dass Wald geschützt wird, Ressourcen geschont werden und der Einsatz von Chemikalien reduziert wird. Die Produktion eines Klassensatzes unserer Arbeitshefte aus reinem Altpapier spart durchschnittlich 12 Kilogramm Holz und 178 Liter Wasser, sie vermeidet 7 Kilogramm Abfall und reduziert den Ausstoß von Kohlendioxid im Vergleich zu einem Klassensatz aus Frischfaserpapier. Unser Recyclingpapier ist nach den Richtlinien des Blauen Engels zertifiziert.

Redaktion: Matthias Schneider
Illustrationen: Julia Kaergel, Dersau
Titel: Thinkstock, Sandyford/Dublin
Umschlaggestaltung und typografisches Konzept: LIO Design, Braunschweig
Satz: Ruhrstadt Medien AG, Castrop-Rauxel
Druck und Bindung: Westermann Druck GmbH, Georg-Westermann-Allee 66, 38104 Braunschweig

ISBN 978-3-14-**124067**-2

Inhaltsverzeichnis

Zweifeln, Nachdenken, Nachschlagen

Selbst gute Rechtschreiber haben ab und zu Zweifel, wie ein Wort geschrieben wird. Und das ist gut so. Denn ohne Zweifel kein Nachdenken und kein Nachschlagen!
So geht es auch dir. Manchmal schreibst du ein Wort in dein Heft – und bist auf einmal unsicher, ob du es richtig geschrieben hast. Du sprichst es vor dich hin, aber es wird anders geschrieben, als es gesprochen wird. Es kommen dir Zweifel.

Gestern wurde die große Äsche vor unserem Haus gefällt.

Äsche?
Schreibt man das wirklich so?

Habe ich das nicht schon mal anders gesehen?
Aber wie? Vielleicht mit E?

Ich muss mal im Wörterbuch nachschlagen!

 1 Wenn du nicht sicher bist, wie ein Wort am Anfang geschrieben wird, musst du manchmal an zwei verschiedenen Stellen nachschlagen. Schlage im Wörterbuch nach, wie das Wort wirklich geschrieben wird. Du kannst auch in der Wörterliste nachschauen.

2 Hier ist ein Teil des Textes, den der Schüler geschrieben hat. Lies ihn durch und unterkringele die Wörter, bei denen du Zweifel hast, ob sie richtig geschrieben sind.

> Gestern wurde die Äsche vor unserem Haus gefellt. Sie war schon über 100 Jahre alt und ziemlig morsch. Im letzten Herbst sind bei dem großen Sturm einige dicke Este heruntergefallen und hätten beinae unser Auto getroffen. Jetzt kommen die Arbeiter und sägen den Baum ab. Das ist aufregent! Ich sehe ihnen dabei zu.

 3 Schreibe die Fehlerwörter richtig auf. Es sind sechs! Wenn du unsicher bist, schlage in der Wörterliste nach.

_____

_____

4 Überprüfe einmal, wie man die folgenden Wörter schreibt.
Es sind immer zwei Möglichkeiten angeboten. Entscheide dich für eine von beiden und
schreibe die Wörter so auf, wie sie deiner Meinung nach richtig sind.
Wenn du unsicher bist, schlage in der Wörterliste nach.

> grusel?, feier? mit -ig oder -lich?
>
> ?ousin mit C oder K?
>
> Grie?, nervö? mit s oder ß?
>
> sich schä?men, schwü?l mit oder ohne h?
>
> ?mpfindlich mit ä oder e?
>
> Anal?se, S?lvester mit i oder y?
>
> tro?dem, Noti?buch mit z oder tz?
>
> Di?tat, Politi? mit k oder ck?

_____

_____

_____

_____

5 Hier siehst du 14 Wörter. Acht von ihnen sind falsch geschrieben.
Unterkringele die Wörter, bei denen du einen Zweifel hast.
Schau dann in der Wörterliste nach. Schreibe sie zuletzt richtig auf.

> der Reiß   das Gleis   am besten   simpatisch   gecheckt
> neblich   freundlich   die Strasse   zulezt   Egypten
> die Schahle   der Salat   der Hustenreiz   der Klamauck

_____

_____

_____

_____

Fehler erkennen durch Rechtschreiblesen

Hin und wieder musst du einen geschriebenen Text (Aufsatz, Referat, schriftliche Hausaufgabe) abgeben. Dann sollte er möglichst fehlerfrei sein. In diesem Fall musst du ihn mehrere Male durchlesen und dabei auf Fehlersuche gehen. Man nennt so etwas „Rechtschreiblesen".

1 Im folgenden Text sind Rechtschreibfehler enthalten. Lies ihn aufmerksam durch. Wenn du bei einem Wort Zweifel hast, unterkringele dieses Wort.

Aufräumen

In meinem Zimmer sieht es manchmal wirklich schlimm _____

aus. Meine Mutter macht dann immer Rabaz. Dann flitze _____

ich meißtens los und lege meine Pullis ordendlich in den _____

Schrank, stecke die Socken in die Schuplade und sammle _____

alle Filzstifte und Kulis ein, die versträut herumliegen. _____

Dann hohle ich einen Müllsack und lasse darin die Reste _____

von Chips und das Papier von den Bonbons verschwin- _____

den. Ich mache das Fenster auf, damit frische Luft _____

hereinkommt. Ich sauge sogar den Teppig mit dem _____

Staupsauger und wische den Schreibtisch ab. Danach _____

funckelt alles blitzblank: Meine Mutter ist glücklig – und _____

todarbeiten musste ich mich dabei nicht. _____

2 Oft kann man nicht gleich alle Fehler in einem Text finden. Dann muss man zweimal lesen. Unterkringele die Wörter, von denen du meinst, dass sie falsch geschrieben sind. Schau dann im Lösungsteil nach. Schreibe die Wörter am Rand richtig auf.

Fehler berichtigen und daraus lernen

Aus Fehlern kannst du lernen! Natürlich nur dann, wenn du sie sinnvoll berichtigst.
Wie man das macht? Die folgenden Bespiele zeigen dir das.
Im Text *Aufräumen* auf Seite 6 kommen unter anderem diese sechs Fehler vor:

meißtens, Schuplade, Staupsauger, glücklig, totarbeiten, holen

Diese Fehler solltest du auf folgende Weise sinnvoll berichtigen:

1 Schreibe Wörter auf, in denen *meist-* vorkommt:

meistens,

2 Schreibe verwandte Wörter auf:

Schublade: schieben,

3 Schreibe verwandte Wörter mit *-staub-* auf:

Staubsauger,

4 Schreibe Wörter auf, die mit *tot-* und *tod-* zusammengesetzt sind. Die einen sind Verben, die anderen Adjektive! Orientiere dich im Wörterbuch.

totarbeiten, totlachen,

todkrank,

5 Schreibe Wörter auf, die mit der Nachsilbe *-lich* gebildet sind:

glücklich, fröhlich,

6 Schreibe jeweils einen Satz auf, in dem *holen* und *hohl* vorkommt:

holen:

hohl:

An Wortstämmen die richtige Schreibung erkennen

Viele unserer Wörter bestehen aus dem **Wortstamm** und
weiteren **Wortbausteinen**, die hinter dem Wortstamm stehen.

So gibt es Wörter mit dem Wortbaustein -*lich*; der Wortstamm
dieser Wörter endet niemals mit einem -*l*: *glück-lich, lieb-lich*, ...

Dann gibt es Wörter mit dem Wortbaustein -*ig*; der Wortstamm solcher Wörter
kann mit unterschiedlichen Buchstaben enden: *eck-ig, lust-ig*, ...
Der Wortstamm solcher Wörter kann aber auch mit einem -*l* enden:
stachel-ig, grusel-ig, ... Bei diesen Wörtern muss man besonders aufpassen,
dass man sie nicht aus Versehen mit -*lich* schreibt!

1 Schreibe die folgenden Wörter mit -*lich* und -*ig* auf. Wenn das „*l*" zum Wortstamm gehört, schreibst du es mit -*ig*: *nebelig*; wenn das -*lich* ein Wortbaustein ist, schreibst du *freundlich*.

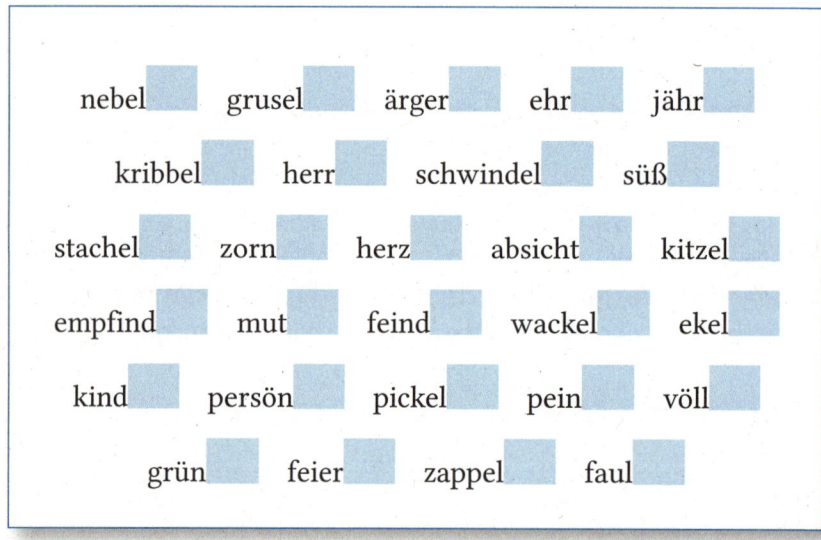

nebel   grusel   ärger   ehr   jähr

kribbel   herr   schwindel   süß

stachel   zorn   herz   absicht   kitzel

empfind   mut   feind   wackel   ekel

kind   persön   pickel   pein   völl

grün   feier   zappel   faul

2 Schreibe je fünf Wörter aus Aufgabe **1** mit der Endung -*ig* und -*lich* noch einmal auf.
Überprüfe mit Hilfe der Wörterliste, ob du alles richtig gemacht hast.

Wörter mit -*ig*: _____

_____

Wörter mit -*lich*: _____

_____

Den Wortstamm -end- und die Wortbausteine ent-/end- unterscheiden

Der Wortstamm **end-** ist immer betont. Er hat mit dem Wort **Ende** zu tun:
éndlich, **éndlos**, ...

Die Vorsilbe **ent-** ist niemals betont:
entfernt, **entsetzlich**, ...

Der Wortbaustein **-end** ist das Kennzeichen für das Partizip Präsens:
spannen – **spannend**, **laufen** – **laufend**, ...

Die Buchstabengruppe **-ent** ist in vielen Fremdwörtern enthalten:
Moment, **korpulent**, ...

Strategie: Wörter aussprechen und auf die Betonung achten

1 Sprich die Wörter aus. Achte auf die Betonung. Setze einen Akzent über das *é*, wenn es betont ist. Füge dann *d* oder *t* ein. Schreibe die Wörter noch einmal auf.

en___los: _____   en___lassen: _____   En___spiel: _____

en___lang: _____   en___gültig: _____   en___laufen: _____

Strategie: Wort verlängern

2 Das *d* oder das *t* am Ende eines Wortes kannst du hörbar machen, indem du eine verlängerte Wortform bildest: *leidend – leidende, Moment – Momente, ...*
Setze die fehlenden Buchstaben ein. Schreibe die Wörter noch einmal auf.

leiden___: _____   aufregen___: _____

Abonnen___: _____   permanen___: _____

glühen___: _____   Patien___: _____

spielen___: _____   Talen___: _____

Elemen___: _____   lieben___: _____

lärmen___: _____   turbulen___: _____

Prozen___: _____   Momen___: _____

verletzen___: _____   tausen___: _____

Die Großschreibung an Wortendungen erkennen

Es gibt eine große Anzahl von Wörtern, die **durch Wortendungen zu Nomen** geworden sind. Diese Wörter stammen zum größten Teil von Verben und Adjektiven ab:
gesund → Gesundheit, tapfer → Tapferkeit, sich ereignen → Ereignis.
Diese Wortbausteine sind **-heit**, **-keit**, **-ung**, **-tum**, **-nis**, **-schaft** und einige weitere.
Wörter mit diesen Endungen werden **großgeschrieben**.

frei, krank, faul, selten, neu, echt, rein

1 Bilde aus diesen Adjektiven Nomen mit der Wortendung -*heit*:

die Freiheit, _____

_____

farbig, lässig, ewig, tapfer, heiser

2 Bilde aus diesen Adjektiven Nomen mit der Wortendung -*keit*:

die Farbigkeit, _____

verfolgen, verpflegen, prüfen, überwinden, landen, verzeihen, vererben

3 Bilde aus diesen Verben Nomen mit der Wortendung -*ung*:

die Verfolgung, _____

_____

eigen, Alter, irren

4 Bilde aus diesen drei Wörtern Nomen mit der Wortendung -*tum*:

das _____

zeugen, verzeichnen, hindern, geheim

5 Bilde aus diesen vier Wörtern Nomen mit der Wortendung -*nis*:

das _____

Meister, Mann, eigen, verwandt

6 Bilde aus diesen vier Wörtern Nomen mit der Wortendung -*schaft*:

die _____

Gleich klingende Wörter verschieden schreiben

Es gibt in unserer Sprache eine kleine Anzahl von Wörtern, die man gleich ausspricht, die aber verschieden geschrieben werden – und natürlich auch etwas Verschiedenes bedeuten. Da kommt es beim Schreiben schon mal zu Verwechslungen:

Wir pflückten im Wald einen Eimer voll Bären.

1 Schreibe jeweils zwei Wortzusammensetzungen, Wortgruppen oder kurze Sätze, aus denen eindeutig hervorgeht, welches der beiden Wörter gemeint ist: *eine Weizenähre – das Ehrenwort*! – Vielleicht musst du auch manchmal in einem Wörterbuch nachlesen, was ein Wort bedeutet.

Ähre _____Weizenähre_____   Ehre _____Ehrenwort_____

leeren _____den Korb leeren_____   lehren _____

Lied _____   Lid _____

lies _____   ließ _____

mahlen _____   malen _____

Meer _____   mehr _____

Miene _____   Mine _____

nahmen _____   Namen _____

Rad _____   Rat _____

Saite _____   Seite _____

Waise _____   Weise _____

2 Schreibe den folgenden Text in dein Heft und wähle dabei das jeweils passende Wort aus. Wenn du nicht weißt, welches richtig ist, schlage die Bedeutung im Wörterbuch nach.

Im Nationalpark
Wir gingen in den Wald und wollten (Beeren/Bären) pflücken. Der Wald bestand aus Fichten und (Lerchen/Lärchen). Mit einem (Mal/Mahl) kam ein kleiner (Beer/Bär) aus dem Gebüsch. An seiner (Mine/Miene) konnten wir nicht erkennen, in welcher (Waise/Weise) er mit uns zu tun haben wollte: Ob er gutmütig (ist/isst) – oder ob er mit uns nur (Beeren/Bären) (ist/isst)? War seine Mutter irgendwo in der Nähe? Oder war er eine kleine verlassene (Weise/Waise)? Jedenfalls (sang/sank) uns etwas der Mut. Wir (lehrten/leerten) ein Eimerchen unserer gepflückten Früchte aus – und siehe da: Er (lies/ließ) es sich schmecken! Es war ein Bild zum (Mahlen/Malen)!

Wörter mit *E/e* und *Ä/ä* richtig schreiben

> der ?rmel, der ?ssig, der ?rger, ?hrlich, ?tzend, die ?rde, die ?ltern,
> ?hnlich, ?ndern, ?cht, der ?quator, der ?mbryo, ?gypten, ?mpfindlich

1 Schreibe die Wörter geordnet nach ihren Anfangsbuchstaben *E/e* oder *Ä/ä* auf. Schau im
Zweifelsfall in der Wörterliste nach.

Wörter mit *E/e*: _____

_____

Wörter mit *Ä/ä*: _____

_____

2 Schreibe zu einigen der Wörter ein verwandtes Wort hinzu.

der Ärmel, der Arm, arm, ärmlich ...

_____

_____

> die Sp?rre, die H?nde, das F?ll, best?ndig, einpr?gen, schw?r,
> dr?ngeln, die Fl?che, der Verk?hr, zuverl?ssig, der S?nf, aush?cken

3 Entscheide, ob du *e* oder *ä* einsetzen musst. Nimm die Wörterliste zu Hilfe.

Wörter mit *e*: die Sperre, ... _____

_____

Wörter mit *ä*: _____

_____

4 Zu einigen Wörtern mit *ä* kannst du eine kurze Form mit *a* bilden.

die Hände – Hand, ... _____

_____

Wörter mit *aa* und *ee* richtig schreiben

Aal, Armee, Beere, Beet, Frikassee, Frottee, Gelee, Haar,
Heer, Idee, Kaffee, Klee, leer, Meer, Orchidee, Paar, Porree,
Saal, Saat, Schnee, See, Seele, Speer, Staat, Tee, Teer, Waage

1 Diese Wörter schreibt man mit einem Doppelvokal. Schreibe sie geordnet auf.

Wörter mit *aa*: _____

_____

Wörter mit *ee*: _____

_____

_____

2 Schreibe das gesuchte Wort auf. Du findest es in der Liste oben.

ein süßer Brotaufstrich: _____   Gewässer: _____

ein Gemüse: _____   eine Blume: _____

Teil des Gartens: _____   ein Getränk: _____

3 Ordne den Gruppen die passenden Wörter zu.

Lebensmittel:_____

Garten/Pflanzen: _____

andere Gruppen: _____

_____

4 Die folgenden Wortpaare klingen ähnlich. Sie unterscheiden sich aber in der Schreibung und in ihrer Bedeutung. Schreibe einen Satz auf, in dem du beide Wörter anwendest. Er kann auch witzig sein!

Speere/Sperre: _____

_____

Staat/Stadt: _____

_____

Wörter mit silbentrennendem *h* richtig schreiben

Bei den Wörtern mit *h* gibt es eine Gruppe, in denen das *h* leicht zu erkennen ist:
Es steht **zwischen zwei Vokalen von zwei Silben**. Und weil nach dem *h* ein Vokal
folgt, kann es beim Sprechen hörbar gemacht werden: *ste-hen*.
Wir nennen es das **silbentrennende *h***.
Dieses *h* bleibt in allen verwandten Wortformen erhalten: *ste-**hen***, *steht*, *Stehkragen*.

> ween steen fleen dreen ruig droen einweien verzeien aufbläen Küe
> Ee bemüen Brüe bezieen geen höer leien mäen sprüen

1 In diesen Wörtern fehlt das silbentrennende *h*. Setze es an der richtigen Stelle ein und
schreibe die Wörter nach Silben getrennt auf.

we-hen, _____

_____

_____

2 Schreibe aus der Liste oben einige Verben auf. Bilde dann einen kurzen Satz mit dem
Verb.

wehen: Der Wind weht. _____   stehen: Das Ergebnis steht fest. _____

_____   _____

_____   _____

_____   _____

3 Ergänze zu einigen der Wörter aus der Liste oben ein oder mehrere verwandte Wortformen.

ruhig, Ruhe, ruhend, geruhsam; _____

_____

_____

_____

_____

Wörter mit Dehnungs-*h* richtig schreiben

Manchmal musst du in Wörtern nach einem langen Vokal ein Dehnungs-*h* einfügen. Das ist aber nur so, wenn auf den langen Vokal einer der folgenden Konsonanten folgt: *l*, *m*, *n*, und *r*: *Höhle, Rahmen, Sahne, fahren.*
Aber Wörter, die mit *Kr-*, *P-*, *Sp-*, *Sch-* oder *T-* beginnen, haben kein Dehnungs-*h*: *Kran, Plan, Spule, Schule, Tor.*

1 Wenn du die Hinweise aus dem Merkkasten beachtest, kannst du die folgenden Wörter richtig schreiben. Überprüfe die richtige Schreibung dann mit der Wörterliste.

fü:ren	gä:nen	Trä:nen	Pla:n	Ra:men
führen				
stra:len	Sa:ne	schwö:ren	zä:men	Spu:r
Strä:ne	berü:mt	spü:len	Se:ne	Kra:n
schwe:r	fe:len	ernä:ren	Po:re	schwü:l
schä:len	Kro:ne	So:n	spa:ren	To:n
Ku:le	pu:len	ne:men	fü:len	bo:ren

2 Schreibe die Wörter noch einmal geordnet auf.

Wörter **mit** Dehnungs-*h* vor *l, m, n, r*:

_____

_____

Wörter **ohne** Dehnungs-*h* vor *l, m, n, r*:

_____

_____

Wörter mit *b, d, g* oder mit *p, t, k* am Ende schreiben

Bei *Piep* hörst du am Ende ein *p*. Geschrieben wird es ebenfalls mit *p*.
Bei dem Wort *Sieb* hörst du am Ende auch ein *p*. Geschrieben wird es aber mit *b*.
Verlängere das Wort. Dann bekommst du einen Hinweis, wie du es richtig schreibst.
Sieb → Siebe, Piep → piepen.
Diese Möglichkeit hilft dir bei allen Wörtern mit *b, d, g* oder *p, t, k* am Ende:
    rund, weil *runder*   *bunt*, weil *bunter*
    klug, weil *klüger*   *Werk*, weil *werken*
Das gilt auch für zusammengesetzte Wörter: *Feldspieler*, weil *Felder*.

1 Schreibe zu den Wörtern zuerst eine verlängerte Wortform auf. Setze dann den richtigen
Buchstaben in die Lücken der Wörter ein. Unterstreiche in beiden Wortformen den be-
treffenden Buchstaben. Im Zweifelsfall kannst du auch in der Wörterliste nachschlagen.

er lü _g_ t: lügen,_____   die Schul _____: _____

der Abschie _____: _____   die Diä _____: _____

das Verbo _____: _____   nicht erlau _____t: _____

mach es sel _____st: _____   es ist hal _____acht: _____

der Erfol _____: _____   sie ist gesun _____: _____

nieman _____: _____   das ist gewa _____t: _____

er schie _____t: _____   anstrengen _____: _____

weit entfern _____: _____   die No _____: _____

der Nei _____: _____   der Zwei _____: _____

2 Füge in die Lücken die richtigen Buchstaben ein. Wende im Zweifelsfall
die Verlängerungsprobe an.

Hinein in den Kor _____!

Das En _____spiel bei den Schulmeisterschaften im Basketball war spannen _____.

Wie ein Wirbelwin _____ to _____t Mario von der 7a über das Parkett. Kein Trick ist ihm frem _____.

Manchmal le _____t er sich beim Werfen den Ball von rechts nach lin _____s. Bei ihm sieht das

elegan _____ aus. Die Aktionen seiner Ge _____ner wirken dagegen plum _____. Dass die 7a so

erfol _____reich auf dem Fel _____ wirbelt, hätte keiner geglau _____t. Doch die Überraschung

ist perfekt: Die Kleinen haben es diesmal den Großen gezei _____t!

Wörter mit *k/ck* und *z/tz* richtig schreiben

ck schreibt man
nach **Kurzvokal**: *Brücke*
k schreibt man
nach **Konsonant**: *Lenker*
nach **Langvokal**: *Haken*
nach **Zwielaut**: *Pauke*

tz schreibt man
nach **Kurzvokal**: *Hitze*
z schreibt man
nach **Konsonant**: *Walze*
nach **Langvokal**: *Mieze*
nach **Zwielaut**: *Weizen*

1 Namen richten sich nicht nach den geltenden Rechtschreibregeln. Das ist so, weil sie häufig schon sehr alt sind. Schreibe die folgenden Namen so in die Klingelschilder, dass sie den heutigen Regeln entsprechen.

Bismarck, Meitze, Meltzer, Wurtzel, Beeckemann, Bauckmeier

2 Schreibe die Straßennamen aus dem folgenden Fahrprotokoll nach den geltenden Rechtschreibregeln auf.

_____

_____

Fehlerhafte Fahrt
Die Fahrt startete *Am Brükenkopf*. Um in den *Königsbrinck* zu kommen, musste der Wagen durch die *Schnizzelgasse* fahren und die Kreuzung *Am Lortzingplatz* überqueren. Schnell gelangten wir zum *Rauckenhof*. Hier war es schwierig sich durch die kleinen Gassen des *Handwerckerviertels* zu schlängeln. Doch bald erreichten wir unser Ziel *Am Boltzplatz*.

3 Diese Fremdwörter werden alle mit *k* geschrieben. Schreibe sie nach dem Alphabet geordnet auf.

Aktiv, Grammatik, diktieren, Technik, Politik, Atlantik, Diktat, Physik, Fabrik, Paket, Musik, Taktik, Mathematik, Spektakel, Plakat

_____

_____

Wörter mit *s* und *ß* durch Verlängern unterscheiden

Am Ende von einsilbigen Wörtern kann nach einem langen Vokal ein *s* oder ein *ß* stehen. Ob ein solches Wort mit *s* oder mit *ß* geschrieben wird, kannst du herausfinden, wenn du es zu einem zweisilbigen verlängerst. Dann hörst du, ob der *s*-Laut stimmhaft oder stimmlos ist:
Glas → Gläser (stimmhaft), **Spaß → Späße** (stimmlos).

1 Die folgenden Wörter werden entweder mit *s* oder *ß* geschrieben. Lies sie dir deutlich vor und bilde jeweils ein längeres Wort. Setze dann *s* oder *ß* ein. Wenn du kein längeres Wort findest, dann schaue in der Wörterliste nach.

das Glei␣   der Flei␣   der Schwei␣   der Grei␣   der Prei␣

das Gefä␣   das Moo␣   das Ma␣   der Klo␣   der Spie␣

sü␣   der Rei␣   das Lo␣   blo␣   der Schmau␣

der Scho␣   der Kie␣   der Strau␣   das Gla␣   nervö␣

2 Schreibe die Wörter geordnet auf und füge eine verlängerte Form hinzu.

Wörter mit *s*: <u>Gleis – Gleise,</u> _____

_____

Wörter mit *ß*: <u>Fleiß – fleißig,</u> _____

_____

3 Die Wörter aus Aufgabe **1** sind zum Üben recht einfach. Manchmal sind diese kleinen Wörter auch mit anderen zusammengesetzt. Dann kannst du sie trotzdem noch als einsilbige Wörter erkennen. Ergänze eigene Wortzusammensetzungen.

<u>Gleis</u>arbeiten, Schweißausbruch, Spießbraten, Maßband, Preisverleihung, ...

_____

4 Markiere in den unterstrichenen Wörtern die Silben, die am Ende einen *s*-Laut haben und schreibe eine dazugehörige längere Wortform auf.

Die <u>Gieß</u>kanne (<u>gießen</u>) ist undicht.

Die Arbeit am <u>Fließband</u> (_____) ist anstrengend.

Ist ein Weisheitszahn ein Zeichen von <u>Weisheit</u> (_____)?

Er <u>reiste</u> (_____) gerne mit der Eisenbahn.

Die Wand wurde gerade frisch <u>geweißt</u> (_____).

Wörter mit *ss* und *ß* unterscheiden

In einigen Wortfamilien wird der Wortstamm der Wörter immer mit **ss** geschrieben, weil der **Vokal** in ihnen **kurz** ist: *fassen, gefasst, anfassen, das Fass, die Fassung, unfassbar, fassungslos …*
Aber in vielen Wortfamilien wird der Wortstamm mal mit **ss**, mal mit **ß** geschrieben:
Ist der **Vokal** im Wort **kurz**, dann schreibst du **ss**: *fressen, gefressen, frisst, …*
Ist der **Vokal** im Wort **lang**, dann schreibst du **ß**: *fraß, Gefräßigkeit, sie fraßen, …*

1 Sprich die folgenden Wörter deutlich aus. Achte darauf, ob der Vokal lang oder kurz gesprochen wird. Schreibe in die Lücken *ß* oder *ss* hinein.

bi ig	er wu te	ich wei	er bei t
du vergi t	er lä t	er bi	er mi t
abschie en	geme en	der Flu	flü ig
lä ig	das Schlo	du schlie t	er verga
mä ig	der Schlu	gewu t	der Schu
verge lich	es flie t	gescho en	er lie

2 Ordne die Wörter aus Aufgabe **1** nach den acht Wortfamilien.

beißen

_____

_____

_____

lassen

_____

_____

_____

wissen

_____

_____

_____

schließen

_____

_____

_____

messen

_____

_____

_____

vergessen

_____

_____

_____

fließen

_____

_____

_____

schießen

_____

_____

_____

3 Finde jeweils einige Wörter einer Wortfamilie, deren Wortstamm immer mit *ss* geschrieben wird und einer Wortfamilie, deren Wortstamm mal mit *ss*, mal mit *ß* geschrieben wird.

Wortstamm immer mit *ss*:_____

_____

Wortstamm manchmal mit *ss*, manchmal mit *ß*: _____

_____

Übungen

1 In die folgenden Wörter kannst du sowohl *E/e* als auch *Ä/ä* einsetzen. Sie ergeben dann jeweils einen anderen Sinn. Schreibe mit diesen Wörtern sinnvolle Sätze.

die ▢hre: _____

die ▢hre: _____

die W▢nde: _____

die W▢nde: _____

die G▢ste: _____

die G▢ste: _____

2 Schreibe in diese Wörter ein Dehnungs-*h* hinein – aber nur dort, wo es hingehört!

able▢nen, Ausna▢me, kla▢r, schma▢l, scho▢n, gefä▢rlich,

beschwe▢ren, klö▢nen, berü▢mt, schä▢len, Schnu▢r, Diebsta▢l,

nacha▢men, Zeitpla▢n, verwö▢nen, erma▢nen

3 Setze *z, tz, k* oder *ck* ein. Schreibe die Wörter dann geordnet auf.

Geschma▢ lin▢s Ha▢en Noti▢ Bal▢en

Differen▢ plö▢lich gan▢ tro▢dem Hustenrei▢ Spu▢

Klamau▢ star▢ Tri▢ verle▢en

Wörter mit kurzem Vokal vor *tz* und *ck*:

_____

Wörter mit Konsonanten vor *z* und *k:*

_____

Wörter mit langen Vokalen vor *z* und *k*:

_____

4 Unterstreiche die falsch geschriebenen Wörter und schreibe sie richtig daneben. Füge jeweils eine verlängerte Form hinzu. Nimm das Wörterbuch zu Hilfe.

Als das Essen kam, legte ich gleich <u>loß</u>.   los – lose
Der Schmauß war köstlich:
Es gab einen riesigen Klos.
Besonders das Pflaumenmuß war lecker.
Mir brach der Schweis aus,
als ich den Preiß des Essens erfuhr.

Überprüfe dich selbst

1 Kreuze die richtige Antwort an und begründe sie. ○

☐ Das ***h*** in ***ruhig*** ist ein silbentrennendes *h*, weil ______________________________

____.

☐ Das ***h*** in ***ruhig*** ist ein Dehnungs-*h*, weil ______________________________

____.

2 Setze in die blau unterlegten Felder ***z und k*** oder ***tz und ck*** ein. Schreibe je ein Beispielwort hinzu. ○

Ich schreibe ...

nach einem Kurzvokal ________. Beispiel: ______________________

nach einem Konsonanten ________. Beispiel: ______________________

nach einem Langvokal ________. Beispiel: ______________________

nach einem Zwielaut ________. Beispiel: ______________________

3 Warum schreibt man in dem Satz *„Ich reise morgen ab."* das Wort *reise* mit ***s***, aber im Satz *„Ich reiße ein Blatt ab."* das Wort *reiße* mit ***ß***? Kreuze an, was richtig ist. ○

☐ a) Weil ein geschriebenes ***s*** immer stimmhaft ist.

☐ b) Weil in *reisen* das ***s*** stimmhaft ist.

☐ c) Weil in *reißen* das ***s*** stimmlos ist.

4 Warum schreibt man *schließen* mit ***ß***, *geschlossen* aber mit ***ss***? ○

☐ a) Weil nach einem kurzen Vokal niemals ein ***ß*** stehen kann.

☐ b) Weil nach einem ***o*** immer ein ***ss*** steht.

☐ c) Weil im Wort *schließen* der ***s***-Laut stimmlos ist und nach einem Langvokal steht.

5 Der Wortstamm mancher Wortfamilien wird immer mit ***ss*** geschrieben. Wähle das Verb, bei dessen Wortfamilie das so ist. Schreibe mindestens drei verwandte Wortformen hinzu. ○

wissen – hassen – vergessen ______________________________

Besondere Wortendungen richtig schreiben

Bei den Wortendungen **-us**, **-is**, **-in** wird im Plural der letzte Konsonant verdoppelt:
Pfiffikus – Piffikusse, Hindernis – Hindernisse, Freundin – Freundinnen.

1 Stelle die Wortteile zu Wörtern zusammen und schreibe sie im Singular und Plural mit
Silbenstrichen auf. Ein Wort hat keinen Plural!

Kür-bis – Kür-bis-se, ...

_____

_____

_____

 2 Bei diesen Wörtern ist der Plural schwierig. Manchmal gibt es sogar zwei Pluralformen.
Schreibe die Wörter im Singular und Plural mit Trennungsstrichen auf. Im Zweifelsfall
musst du den Plural in der Wörterliste nachschlagen.

> das Aroma, der Atlas, der Balkon, der Ballon, der Bazillus, das Besteck,
> der Bösewicht, der Diskus, die Firma, der Globus, der Grill, der Kaktus, der Kasten,
> der Klotz, das Komma, der Magen, das Museum, die Praxis, der Rhythmus

Aro-ma — Aro-mas/Aro-men, ...

_____

_____

_____

_____

Fremdwörter richtig schreiben 1

Fremdwörter sind aus anderen Sprachen zu uns gelangt. Sie haben die Schreibung der Fremdsprache zum Teil beibehalten – und werden daher anders geschrieben, als sie gesprochen werden. Würdest du sie schreiben, wie sie gesprochen werden, sähe das manchmal sehr komisch aus.

1 Schreibe die Wörter richtig auf. Wenn du ein Wort nicht kennst, schlage im Wörterbuch nach. Dort findest du, was es bedeutet. Bei Wörtern mit *K, W, Sch* musst du vielleicht an mehreren Stellen nachschlagen, zum Beispiel unter *Qu, V, C*. Achtung: Ein Wort kann tatsächlich so geschrieben werden, wie es da steht! Auch in der Wörterliste findest du diese Fremdwörter.

Kusäng _____

Dschoki _____

Kornetbief _____

kuhl _____

Kwalität _____

Portmonee _____

Tschämpjen _____

Kompjuter _____

Kwadrat _____

Kornfleeks _____

tschäcken _____

Klaun _____

Füsik _____

Kaubeu _____

Schomaster _____

Tschättruhm _____

Rüttmuss _____

Kontehner _____

Kätschap _____

Silwester _____

Pomfritz_____

Körriewurst _____

2 Schreibe die hervorgehobenen Wörter des Gedichts richtig auf.

Es saß in einem STADTCAFEE _____

spät abends 'ne GESTEILTE Fee. _____

Sie nahm sehr reichlich vom BÜFEE _____

und trank danach noch fünf KAFEE. _____

Sie zahlt' dafür zweitausend ZENT. _____

Das ist kein HÄPPI-ENT! _____

Fremdwörter richtig schreiben 2

1 Schau dir die Fremdwörter genau an. Schlage diejenigen im Wörterbuch nach, die dir bisher unbekannt sind.

> Aroma, schematisch, Humor, diagonal, extrem, figürlich, genial, mumifizieren, humoristisch, ironisch, Extremitäten, aromatisch, komisch, Spionage, Ironie, natürlich, organisch, Diagonale, Komiker, Mumie, Natur, Schema, Panik, Genialität, panisch, Organ, Figur, spionieren

Üben kannst du die Fremdwörter nur durch häufiges Schreiben. Die folgenden Aufgaben helfen dir dabei.

2 Schreibe die Wortpaare auf, die zu einer Wortfamilie gehören.

Aroma, aromatisch; ...

_____

_____

_____

_____

_____

3 Schreibe die Nomen nach dem Alphabet geordnet auf.

_____

_____

_____

4 Schreibe zu einigen der Adjektive aus Aufgabe **1** ein Verb hinzu.

schematisch – schematisieren, ...

_____

_____

Fremdwörter mit besonderen Endungen schreiben

1 Einige Fremdwörter haben Endungen mit einem *i*-Laut: *-ie, -ine ,-il, -iv* und *-ieren*.
Lies die folgenden Wörter und schlage dir unbekannte im Wörterbuch nach.

> Garantie, mobil, primitiv, Marine, Praline, Regie, offensiv, Fossil, Energie, Gardine, alternativ, stabil, instinktiv, Maschine, Posie, labil, Industrie, Margarine, Ventil, konstruktiv, Reptil, Melodie, Krokodil, Lawine, kreativ, Kabine, Kopie, aggressiv, Routine, produktiv, Sympathie, massiv, Batterie, textil, Limousine

2 Schreibe die Wörter nach Endungen geordnet auf.

Wörter mit *-ie* am Schluss: _____

_____

Wörter mit *-ine* am Schluss: _____

_____

Wörter mit *-il* am Schluss: _____

_____

Wörter mit *-iv* am Schluss: _____

_____

_____

3 Füge den Wörtern mit *-iv* am Schluss noch eigene hinzu.

4 Bilde zu folgenden Nomen ein Verb, das mit *-ieren* endet. Nimm die Wörterliste zu Hilfe.

> Fotograf, Respekt, Interesse, Reparatur, Imitation, Blamage, Diskussion, Nummer, Subtraktion, Simulation, Portrait, Training, Akzeptanz

_____

_____

Schwierige Wörter üben

Übungsformen

1 Schreibe die Wörter in alphabetischer Reihenfolge auf:
aggressiv, ...

2 Schreibe die Wörter mit Silbentrennungsstrichen auf:
ag-gres-siv, ...

3 Schreibe zu den Wörtern verwandte Wörter auf:
aggressiv – Aggression, ...

4 Ordne die Wörter nach Themen.

5 Schreibe einige Wörter auf und unterstreiche die schwierigen Stellen.

6 Schreibe mit 5 Wörtern Sätze auf.

7 Merke dir jeweils 3 Wörter, decke sie ab – und schreibe sie dann auf.
Danach kontrollierst du, ob du sie richtig geschrieben hast.

Hier sind 16 Fremdwörter, die du einmal zur Probe üben kannst.
Scheibe noch drei weitere dazu, die du dir merken möchtest.

aggressiv, Pyramide, Keyboard, Slalom, zynisch, symmetrisch,
Xylophon, distanziert, sympathisch, Medaille, Gitarre, parallel,
Quadrat, Rhythmus, Olympia, Trampolin
_____

Übung **1**: Alle Wörter in alphabetischer Reihenfolge: _____

_____

_____

_____

Übung **2**: Alle Wörter mit Silbenstrichen: _____

_____

_____

_____

Übung **3**: Verwandte Wörter aufschreiben:

aggressiv – Aggression

_____

_____

_____

Übung **4**: Ordne die Wörter folgendermaßen:

Gefühle, Empfindungen

Mathematik

Musik

Sport

Übung **5**: Schwierige Stellen unterstreichen: _____

_____

_____

Übung **6**: Wörter in Sätzen verwenden: _____

_____

_____

_____

_____

Übung **7**: Wörter merken und auswendig aufschreiben:_____

_____

_____

Wörter richtig nach Silben trennen

Für die Silbentrennung gelten folgende Regeln:

1. Die Buchstabengruppen *ch, ck, sch* werden niemals getrennt.
2. Die Buchstabengruppe *st* wird innerhalb eines Wortes getrennt: *Las-ter*. Bei zusammengesetzten Wörtern aber wird sie nicht getrennt: *Last-au-to*.
3. Doppelkonsonanten werden zwischen den beiden Konsonanten getrennt: *Brum-mi*.
4. Folgen mehrere Konsonanten aufeinander, steht nach dem Silbenstrich in der Regel nur ein Konsonant: *Karp-fen*.
5. Einzelbuchstaben am Anfang und Ende eines Wortes werden nicht abgetrennt: *Esel, Säue*.

1 Schreibe die Wörter mit Silbenstrichen auf. Achtung: Nicht bei allen ist das möglich!

Abend _____   Echo _____

Eierkuchen _____   Rechnung _____

Husten _____   Kasten _____

Klammer _____   Wellpappe _____

Wecker _____   Theater _____

impfen _____   Füllhalteretui _____

2 In den folgenden Sätzen ist manchmal die Trennung falsch, und manchmal führt sie zu komischen Missverständnissen. Markiere die falsch getrennten Wörter mit einer Farbe und die „komischen" Trennungen mit einer anderen. Schreibe dann die richtigen und die sinnvolleren Trennungen unter dem Text auf. Schau im Zweifelsfall in der Wörterliste nach!

In der Küche standen viele Tontel-ler auf den Tischen. Die Zwergel-stern flatterten aufgeregt von Ast zu Ast. Annikas und Tinas Stiefel-tern kamen gestern zu Besuch. Die letzte große Pockenschut-zimpfung war sehr erfolgreich. Bei den diesjährigen Schwimmmei-sterschaften wurde sie Siegerin.

Annika hatte wunderbar gegel-te Haare. Bei diesem Spiel war wieder einmal die ganz große Torf-laute angesagt. Sie aßen gern Ba-ckobst mit Müsli und Joghurt. Sie hat heute in der Schule ihr Federe-tui liegen gelassen. Dieses Popfe-stival fand im Freien statt. Das Fange-folge zog mit der Mannschaft ein.

richtige Trennungen: _____

_____

sinnvollere Trennungen: _____

_____

Anreden in Briefen großschreiben

> Bei Personen, die man mit *du* oder *ihr* anredet, kann man in Briefen und E-Mails diese Anredepronomen kleinschreiben:
> *Wie geht es **euch**? Kommst **du** morgen mit **deinem** Freund? Bringt **ihr euren** Hund mit?*
>
> Bei Personen, die man mit *Sie* anredet, muss man die Anredepronomen immer großschreiben:
> *Geht es **Ihnen** gut? Kommen **Sie** morgen? Bringen **Sie Ihren** Hund mit?*

1 Ilka schreibt an ihre Freundin Emma eine E-Mail. Markiere im Text alle Anredepronomen.

> Liebe Emma,
> sicherlich hast du dich schon gewundert, dass ich mich so lange nicht gemeldet habe. Jetzt darfst du nicht denken, dass ich dich vergessen habe, aber ich war fast zwei Wochen lang an einer Grippe erkrankt, sodass ich dir wirklich nicht schreiben konnte. Deshalb kann ich dir auch nicht viel Neues berichten. Bei dir war es sicherlich anders. Eigentlich wolltest du doch für eine Woche verreisen. Beim letzten Mal hast du noch geschrieben, dass du zu deiner Tante fahren wolltest. Was hast du in der Zeit mit deinen beiden Hunden gemacht? Vielleicht schreibst du mir, wie es dir ergangen ist.
>
> Viele liebe Grüße von deiner
> Ilka

2 Ilka möchte diese E-Mail nicht an ihre Freundin, sondern an eine ehemalige Nachbarin schreiben, die sie nicht duzt und die in eine andere Stadt umgezogen ist. Schreibe diese Nachricht und verwende dabei die Sie-Form.

Liebe Frau Schmidt,

sicherlich haben Sie sich schon gewundert, dass ...

_____

_____

_____

_____

_____

_____

_____

Nomen und Verben richtig schreiben

Wenn **Nomen** und **Verben** miteinander kombiniert werden,
dann schreibt man **getrennt**: *Kuchen backen, Gitarre spielen, Ski laufen, ...*
Stehen vor solchen Kombinationen Wörter wie **beim**, **zum**, ...
dann schreibt man **zusammen** und **groß**: *beim Kuchenbacken, zum Skilaufen, ...*

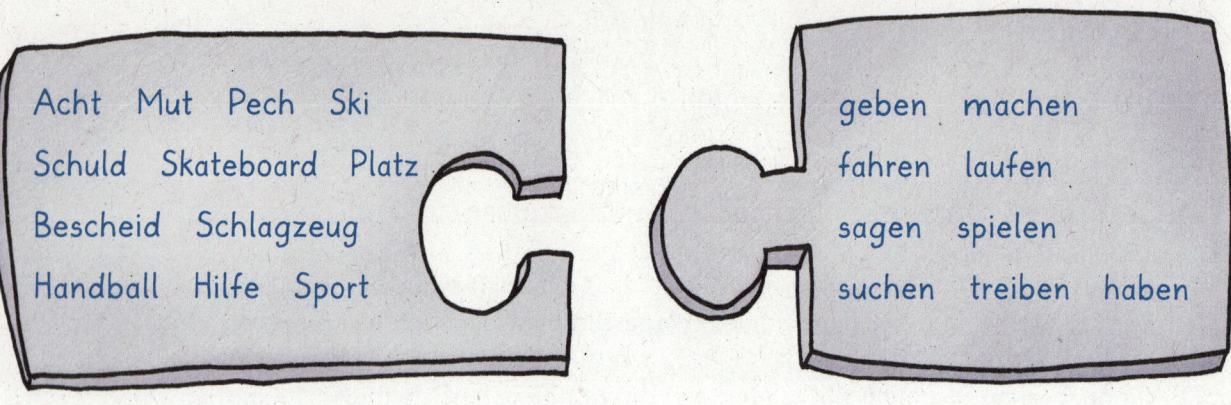

Acht   Mut   Pech   Ski
Schuld   Skateboard   Platz
Bescheid   Schlagzeug
Handball   Hilfe   Sport

geben   machen
fahren   laufen
sagen   spielen
suchen   treiben   haben

 1 Suche dir Kombinationen von Nomen und Verben aus, die in die Zeilen hineinpassen.

Weil du ängstlich warst, wollte ich dir _____.

Wenn du etwas nicht kannst, kannst du bei mir immer _____.

Im Winter fahren wir in die Berge, dort können wir _____.

Wenn du gesund bleiben willst, solltest du mehr _____.

Du solltest darauf _____, etwas sauberer zu schreiben.

Wann kommst du? Kannst du mir _____?

Nicht immer hat man Glück, man kann auch mal _____.

Es ist so eng hier. Kannst du mir einmal _____?

Fußball mag ich nicht so gern. Ich möchte lieber _____.

Das ist dir aus Versehen passiert, du kannst gar keine _____.

Er ist ein guter Musiker, er kann ganz toll _____.

Wollen wir auf die Straße gehen und zusammen _____?

Beim _____ ist schon mancher Unfall passiert.

Zum _____ habe ich heute keine Lust.

Wörter richtig zusammenschreiben

Verben können mit anderen Wörtern, die vor dem Verb stehen, zusammengesetzt werden. Dann entstehen Verben mit einer anderen Bedeutung.
geben → *angeben*, *gehen* → *weggehen*, *laufen* → *überlaufen*, ...

auseinander-   entgegen-   heraus-
hinterher-   umher-   zusammen-

1 Setze diese Wörter mit folgenden Verben zusammen.

kommen   fahren   laufen   geben   setzen

auseinanderlaufen, ...

_____

_____

_____

_____

_____

2 Vervollständige die folgenden Sätze. In manchen zusammengesetzten Verben musst du ein *zu* einfügen. Auch dann schreibt man die Wörter zusammen!

auseinandergehen: Wir sind im Streit _____,

zusammenkommen: und hatten nicht vor, wieder _____.

entgegenfahren: Ich bin ihr ein Stück mit dem Rad _____,

umherfahren: um sie auf dem Gepäckträger _____

gegenüberstehen: Wir haben uns eine Zeitlang _____,

ansehen: ohne uns wirklich _____.

herauskommen: Wir sind aus dem Schwimmbad _____

abtrocknen: und gingen zu unseren Plätzen, um uns _____.

Beim Schreiben auf die Betonung achten

Wenn man meint: „*Die beiden Wörter muss man zusammenschreiben*",
dann meint man etwas anderes, als „*Wir beide wollen etwas zusammen schreiben*."
Man hört es beim Sprechen an der **Betonung**, und sieht es im Text an der **Schreibung**.
Manche Kombinationen mit Verben bedeuten etwas Verschiedenes, je nachdem wie
man sie betont. Wird der erste Teil betont, schreibt man **zusammen**; wird der **zweite**
Teil betont, so schreibt man getrennt:
zusammenschreiben bedeutet: zwei Wörter zusammenzuschreiben (und nicht getrennt),
zusammen schreiben bedeutet: zwei Schüler schreiben etwas zusammen (gemeinsam).

1 Entscheide, ob in den folgenden Sätzen getrennt oder zusammengeschrieben wird.
Alle Wörter werden mit dem Wort *zusammen* gebildet.
Sprich die Wörter vor dich hin, ehe du sie schreibst.

a) Wir müssen (halten)_____, wenn wir die Gegner besiegen wollen.

b) Beim Aufstellen der Leiter müssen wir sie (halten) _____.

c) Ich muss nur noch schnell meine Sachen (packen) _____.

d) Die Autos sind bei dem Unfall (gefahren) _____.

e) In die Schule bin ich mit meiner Mutter (gefahren) _____.

f) Wir haben den schweren Wagen (gezogen) _____.

g) Die Wolken haben sich bedrohlich (gezogen) _____.

h) Wollen wir nicht etwas (tun) _____?

i) Wir sollten uns (tun) _____, wenn wir das schaffen wollen!

j) Lass uns doch deine Armbanduhr (suchen) _____!

k) Sie muss erst noch ihre Schulsachen (suchen) _____.

l) Mara und Joe haben schon immer (gehört) _____.

m) Sie haben auch immer Musik (gehört) _____.

n) Wir haben alle Steine im Garten (gelesen) _____.

o) Die Geschichte haben sie vor der Klasse (gelesen) _____.

p) Die Schüler sollen den Text kurz (fassen) _____.

q) Kannst du deine Hände ganz fest (fassen) _____?

r) Den eingestürzten Schuppen müssen wir wieder (bauen) _____.

Getrennt oder zusammen? – Schlage nach!

Es gibt manchmal Wörter, da musst du einfach nachschlagen!

> **Adjektive** können mit anderen **Adjektiven** kombiniert werden.
> Dann werden sie in der Regel zusammengeschrieben: *nasskalt, halbvoll, ...*
> Doch einige können auch getrennt geschrieben werden: *halb voll, ...*
>
> **Adjektive** können mit **Verben** kombiniert werden.
> Dann können sie getrennt oder zusammengeschrieben werden:
> *fertigmachen, fertig machen.*

1 Schreibe die Wörter rechts am Rand richtig in die Zeilen: getrennt oder zusammen. Wenn du unsicher bist, ob zwei Wörter getrennt oder zusammengeschrieben werden, dann solltest du im Wörterbuch nachschlagen – auch wenn du dich sicher fühlst. Dies kannst du hier mit Hilfe der Wörterliste üben. Schlage also im Zweifelsfall in der Wörterliste nach!

Übungssätze zum Nachschlagen

Im Winter ist es manchmal _____. bitter kalt

Im letzten Winter ist es aber nicht so richtig _____. kalt geworden

Der April ist oft _____. nass kalt

Da kann man sich draußen richtig _____. schmutzig machen

Im Sommer leuchten die Rosen _____. dunkel rot

Manchmal bin ich _____ vor Angst. halb krank

Manche können es nicht _____ zu warten. fertig bringen

Ich muss meine Aufgaben noch _____. fertig stellen

Aber ich habe sie nur _____. halb verstanden

Manche Schüler wollen andere so richtig _____. fertig machen

Die beiden haben sich beim Tennis _____. kennen gelernt

Die Zwiebeln musst du für den Salat _____. klein schneiden

Kannst du sie nicht noch ein bisschen _____? kleiner schneiden

Kannst du mir mal das Fernglas _____? scharf einstellen

Deine Antwort war ja wirklich _____! super schlau

Wir müssen den Zaun _____. grün anstreichen

Nominalisierte Verben großschreiben

Verben werden großgeschrieben, wenn sie zu Nomen werden. Nominalisierte Verben stehen immer im Infinitiv (Grundform). Ihnen sind häufig die Signalwörter vorangestellt, die für alle Nomen typisch sind:

Artikel: *der, die, das, ein, eine*	**das** *Trommeln*
Pronomen: *mein, dein, sein, ihr, euer*	**ihr** *Trommeln*
Präpositionen: *im, am, zum, beim, vom, aufs, ins*	**vom** *Trommeln*
Adjektive: *laut, lustig, ...*	**lautes** *Trommeln*

1 Unterstreiche die Signale, die auf die Großschreibung hinweisen.

Meine Freundin und ich lieben das Trommeln nach dem Rhythmus toller Musik. Unser Trommeln ist manchmal so ansteckend, dass auch andere noch mitmachen. Uns tun dann vom Trommeln oft unsere Hände weh und auch für die Ohren ist lautes Trommeln nicht nur angenehm.

2 Unterstreiche in den folgenden Sätzen die nominalisierten Verben mit ihren Signalen.

Heute habe ich beim Einkaufen meinen Haustürschlüssel im Supermarkt verloren. Obwohl ich alle meine Wege noch einmal abgegangen bin, hatte mein Suchen keinen Erfolg. Ich habe deshalb den Verlust bei der Auskunft gemeldet, die mir zum Bleiben riet. Und richtig, es war wirklich nur ein kurzes Warten, denn nach wenigen Minuten wurde der Schlüssel von einer Kundin abgegeben.

3 Untersuche, ob es sich bei den mit Großbuchstaben geschriebenen Wörtern um Verben oder um nominalisierte Verben handelt. Achte dabei auf Signale vor den Wörtern. Streiche in jedem Satz das Wort mit den Großbuchstaben durch und schreibe es dann groß oder klein in die Lücke. Unterstreiche auch die Signale.

Tokio, eine Mega-City
In der Millionenstadt Tokio ist das ~~ZITTERN~~ Zittern der Erde nicht ungewöhnlich. Es kommt von einem der vielen Erdbeben, die die Stadt immer wieder ERSCHÜTTERN _____ , aber niemanden mehr aufregen. Tokio ist riesengroß, doch in der Stadt LEBEN _____ so viele Menschen, dass sie eigentlich zu klein ist. Daher ist das WOHNEN _____ in dieser Mega-City so anstrengend und teuer. Es ist nicht ungewöhnlich, beim MIETEN _____ von neuen Wohnungen mehrere tausend Euro zu BEZAHLEN _____ . Viele Japaner sind froh, dass ihr SUCHEN _____ nach Wohnraum überhaupt Erfolg hat. Eine große Leistung VOLLBRINGEN _____ täglich auch die Autofahrer. Ein Europäer würde vom FAHREN _____ im dichten Straßenverkehr wahrscheinlich völlig gestresst sein. Die Einwohner haben sich aber an das langsame FORTBEWEGEN _____ gewöhnt.

Nominalisierte Adjektive großschreiben

Genauso wie Verben können auch Adjektive zu Nomen werden. Daher werden nominalisierte Adjektive ebenfalls großgeschrieben und ihnen sind häufig auch die Signalwörter vorangestellt, die für alle Nomen typisch sind.

Artikel: *der, die, das, ein, eine*	**ein** *Großer*, **das** *Böse*
Pronomen: *mein, dein, sein, ihr, euer*	**ihre** *Kleinen*
Wörter wie **alles, nichts, wenig, viel, etwas, manches**	**nichts** *Gutes*, **alles** *Gute*

Wenn aus Adjektiven Nomen werden, dann bekommen sie aber noch ein weiteres Signal, nämlich die Endung -e oder -es.

1 Unterstreiche, welches Signal auf die Großschreibung von Nomen hinweist.

Der neue Schüler beschwerte sich darüber, dass ihm ein Großer den Platz weggenommen hatte.

Die Katze sonnte sich mit ihren kleinen Kindern auf dem Hof. Als sich ein Hund näherte, brachte sie die Kleinen sofort weg.

Lena hatte in den Ferien ein aufregendes Erlebnis. Ich habe nichts Aufregendes erlebt.

2 Im folgenden Text stehen fünf der markierten Adjektive nicht vor einem Nomen, sondern allein. Unterstreiche diese fünf Adjektive.

Ein großer Reinfall
Die Party bei Hanno war ein echter Horror. Noch nie hatte sie so etwas langweiliges erlebt. Aus der Anlage kam nur alte Mucke, nichts fetziges und auch keine neuen Hits, nur alte Titel. Und dann waren da auch noch so komische Typen, die niemand kannte. Besonders so ein obercooler riskierte immer eine dicke Lippe. Allerdings kam nicht viel vernünftiges aus seinem vorlauten Mundwerk. Nicht einmal hat er etwas sinnvolles gesagt, immer nur Blödsinn.

3 Diese fünf Adjektive sind zu Nomen geworden. Schreibe sie mit ihrem Signalwort auf.

_____

_____

4 In den folgenden Sätzen sind fünf Adjektive und Verben zu Nomen geworden. Unterstreiche das Signalwort und markiere sie.

Das neue deutsche Forschungsschiff „Sonne" hat aus über 8000 Meter beim Hochziehen des Greifers etwas Geheimnisvolles aus dem Ozean geholt. Dieses Superschiff ermöglicht mit seiner Ausrüstung das Entdecken bisher unbekannter Lebewesen. Und manches Unbekannte landet an Deck und wartet auf wissenschaftliches Untersuchen.

Zeitangaben richtig schreiben

Zeitangaben, vor denen ein Artikel (z. B. **der Morgen**) oder eine Präposition (z. B. **am Morgen**, **gegen Mittag**) steht, werden immer großgeschrieben.

Nach den Wörtern **heute**, **morgen**, **gestern**, **...** wird die zweite Zeitangabe großgeschrieben, z. B. **heute Morgen**. Es gibt nur eine Ausnahme: **morgen früh**.

Zeitangaben mit einem **-s** am Ende (z. B. **nachts**) werden kleingeschrieben. Aber Achtung! Mit einem Artikel wird diese Zeitangabe großgeschrieben, z. B. **eines Nachts**.

1 Ordne die nachfolgenden Zeitangaben richtig geschrieben in das Zifferblatt ein.

> AM NACHMITTAG, GEGEN ABEND, MITTAGS, AM FREITAGMORGEN,
> TAGSÜBER, HEUTE MORGEN, GESTERN, EINES SCHÖNEN MORGENS,
> VORGESTERN, DEN GANZEN VORMITTAG, ÜBERMORGEN, NACHTS,
> DER SONNTAGMORGEN, GESTERN ABEND, FREITAGMITTAGS, DES NACHTS

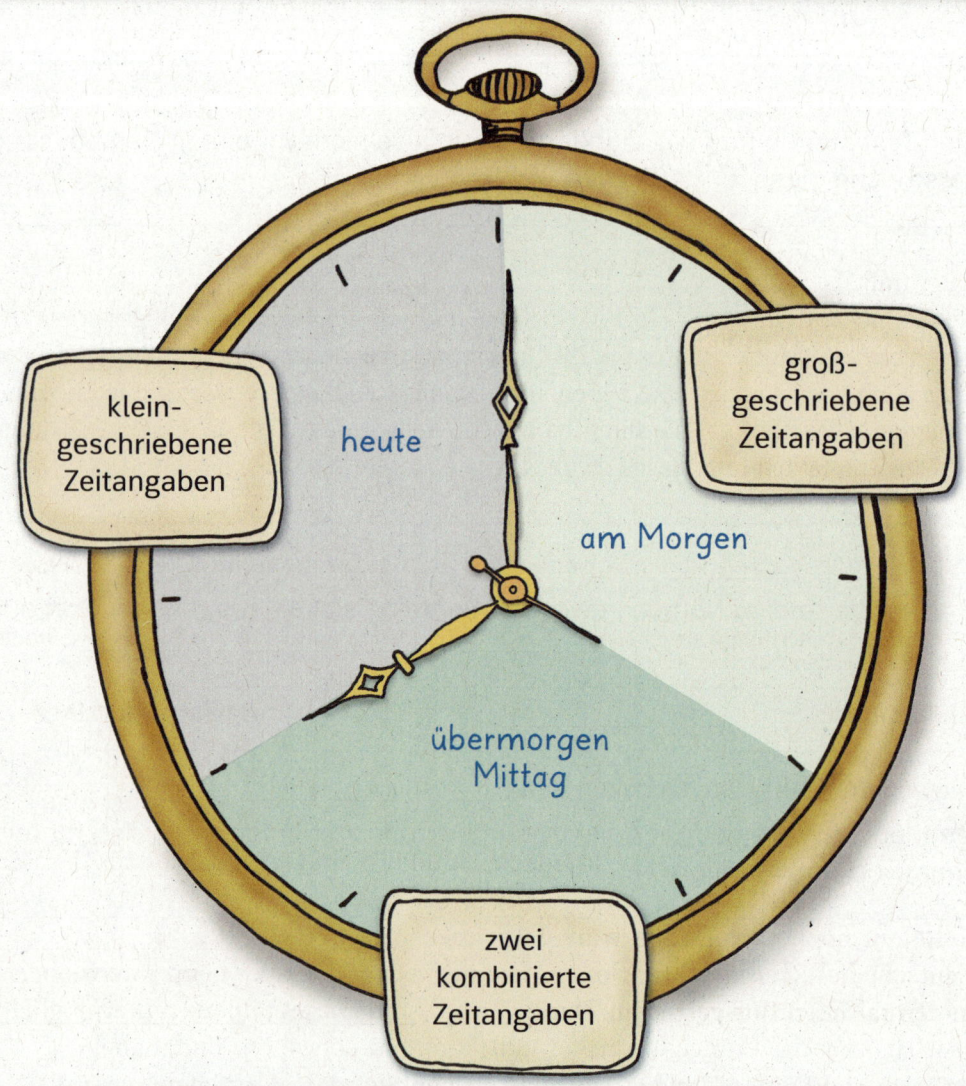

2 Ergänze neben dem Zifferblatt weitere passende Beispiele.

Sich die Schreibung von Nomen einprägen

Es gibt Nomen, die häufig verwendet werden, aber fälschlicherweise oft kleingeschrieben werden. Da ist es am besten, du prägst dir ihre Schreibung ein.

vor   eine

am   aus   mit

Neugier   Schreck
Ende   Schluss   Versehen
Angst   Weile   Absicht
Mitleid   Vergnügen
Langeweile   Spaß

1 Die Wörter auf der linken Buchseite werden häufig zusammen mit den Nomen auf der rechten Seite verwendet. Bilde sinnvolle Kombinationen und schreibe sie auf.

_____

_____

_____

_____

2 Setze in die Lücken passende Kombinationen ein.

Der Junge überlegte _____, in welches Karussell er nun gehen sollte.

_____ entschied er sich für die Achterbahn, in der war

er noch nie. Beim Start kreischte er noch _____. Doch

schon bald hätte er sich _____ beinahe in die Hose

gemacht. Die anderen Fahrgäste lächelten ihm _____ zu.

Er war _____ kreidebleich und fix und fertig, als er aus der Bahn

stieg. Er wollte nur noch nach Hause, wäre dabei aber _____

fast noch in den falschen Bus gestiegen. Denn _____

hätte er bestimmt nicht einen Umweg von einer halben Stunde in Kauf genommen.

Übungen

Die innere Uhr

Wer am abend mit einem E-Book oder seinem Smartphone ins Bett geht, verstellt seine innere Uhr. Die wird nämlich nicht vom aufziehen kleiner Rädchen und Federn gestellt, sondern durch andere Einflüsse bestimmt: durch das Licht, durch den Zeitpunkt der Nahrungsaufnahme und die Außentemperatur. Wer also vor dem einschlafen auf hell leuchtenden Computerbildschirmen liest, bewirkt damit etwas ungeahntes. Er verstellt seine innere Uhr, den Biorhythmus. Dieser kommt beim lesen auf dem Computer erst 90 Minuten später zum ruhen. Nun könnte man denken, dass das nichts macht. Hauptsache am morgen ist man fit. Jungen Menschen macht das vielleicht über eine lange Zeit nichts aus. Doch damit tut man seinem Körper nichts gutes. Auf Dauer führt dies nämlich dazu, dass der Körper das missachten der biologischen Taktung nicht erträgt. Die Risiken schwerer, auch lebensbedrohlicher Erkrankungen steigen. Wissenschaftler haben nachgewiesen, dass das ständige verstoßen gegen den Biotakt die Leistungsfähigkeit einschränkt sowie dem Wohlbefinden und der Gesundheit schadet. Gutes schlafen und regelmäßiges essen sind eine Grundvoraussetzung für das gute funktionieren der inneren Uhr. Ein ausschlafen am Wochenende kann für viele Menschen etwas wertvolles sein. Ihre inneren Akkus werden nämlich durch das ruhen wieder aufgeladen.

1 In diesem Text sind 16 Wörter fälschlicherweise kleingeschrieben worden. Markiere sie im Text und schreibe sie mit ihrem hinweisenden Signal auf.

Am Abend, ...

_____

_____

_____

_____

_____

_____

_____

_____

_____

_____

Überprüfe dich selbst

1 Welche beiden Aussagen sind richtig? Kreuze an.　　　　　　　　○

☐ Pronomen und Adjektive sind Signale für die Großschreibung von Verben.

☐ Nach den Wörtern *zum* und *beim* werden Verben kleingeschrieben.

☐ Zeitangaben mit einem *-s* am Ende werden *immer* kleingeschrieben.

☐ Stehen zwei Zeitangaben nebeneinander, wird die zweite *in der Regel* großgeschrieben.

☐ In Briefen darf man alle Anreden von Personen kleinschreiben.

2 Begründe die folgenden Schreibungen.　　　　　　　　○

Sie hatte in ihrem ganzen Leben noch nie so etwas Verrücktes erlebt.

<u>Das Wort „Verrücktes" wird in diesem Satz großgeschrieben, weil ...</u>

_____

_____

Robinson wurde am Morgen durch lautes Kreischen der Möwen geweckt.

<u>Das Wort „Kreischen" wird in diesem Satz großgeschrieben, weil ...</u>

_____

_____

3 In den folgenden Sätzen müssen noch vier Wörter großgeschrieben werden.　○
Unterstreiche die Signale und markiere dann diese vier Wörter.

Helmkasuare

Helmkasuare sind nicht nur große Vögel, sondern auch

großartige Väter. Nach dem legen der Eier macht sich die

Henne aus dem Staub. Das brüten der Eier ist ab diesem

Zeitpunkt Männersache. Und nach dem schlüpfen kümmern

sich die Väter neun Monate liebevoll um ihre kleinen.

Zeichen der wörtlichen Rede setzen 1

Bei der wörtlichen Rede kann der Begleitsatz vor dem Redesatz
oder hinter dem Redesatz stehen.

A) _Pauline fragte:_ „Hast du schon für die Mathearbeit geübt?"
B) „Hast du schon für die Mathearbeit geübt?", _fragte Pauline._
C) _Jonas meinte:_ „Für die Mathearbeit werde ich erst am Samstag üben."
D) „Für die Mathearbeit werde ich erst am Samstag üben", _meinte Jonas._
E) „Oh, das ist schlecht, die Arbeit schreiben wir doch schon übermorgen!", _ruft Pauline._
F) _Pauline ruft:_ „Oh, das ist schlecht, die Arbeit schreiben wir doch schon übermorgen!"

Doch aufgepasst! Steht vor dem Begleitsatz ein Redesatz, so kann ein Ausrufezeichen oder ein Fragezeichen gesetzt werden, aber niemals ein Punkt. Ein Komma steht jedoch immer.

1 Lies die drei Sätze des folgendes Witzes. Ordne dann jedem Satz den passenden Beispielsatz des Merkkastens zu, indem du den richtigen Buchstaben A) bis F) einträgst.

In der Wäscherei

☐ Was haben Sie mit meiner Wäsche gemacht fragt Frau Schwarz ganz ärgerlich.

☐ Die Bedienung entgegnet erstaunt Aber die Serviette ist doch wunderbar weiß geworden.

☐ Das war keine Serviette, sondern das war ein Bettlaken für ein Doppelbett erwidert Frau Schwarz.

2 Setze in den drei Sätzen des Witzes die fehlenden Zeichen ein.

3 Markiere beim folgenden Witz die Redesätze und setze anschließend die fehlenden Zeichen ein.

Beim Zoll

Eckard bringt aus der Südsee einen Papagei mit und
soll nun Zollgebühren bezahlen.
Ein lebender Papagei kostet 380 Euro erklärt ihm der
Zollbeamte. Eckard ist über die Höhe der Gebühr erstaunt und fragt Gibt es keine günstigere Möglichkeit
Ausgestopft ist das Tier zollfrei entgegnet ihm
der Mann vom Zoll. Eckard, mach bloß keinen Mist
ertönt da auf einmal eine Stimme aus dem Käfig.

Zeichen der wörtlichen Rede setzen 2

Begleitsätze stehen nicht nur vor oder hinter Redesätzen, manchmal ist der Begleitsatz auch in einen Redesatz eingeschoben. Vor und hinter dem Begleitsatz steht dann
ein Komma.
1) _Jonas meinte_: „Für die Mathearbeit werde ich erst am Samstag üben."
2) „Oh, das ist schlecht", _ruft Pauline_, „die Arbeit schreiben wir doch schon übermorgen!"

1 Unterstreiche in den folgenden Sätzen den Begleitsatz. Setze dann die Redezeichen.

In der nächsten Woche kündigte ihre Sportlehrerin an werden wir das erste Mal in
diesem Jahr auf den Sportplatz gehen

Werden wir in diesem Jahr nur die 400m laufen wollte Torben
wissen oder auch die 800m

Nicht nur die erwiderte die Sportlehrerin auch die 1000m gehen wir dieses Jahr an

Das bedeutet meinte Svenja zu ihrer Freundin dass wir viel Ausdauertraining
machen werden

2 Stelle die folgenden Sätze so um, dass sie in die Redeteile eingeschoben werden.

Der Autofahrer fragte den Passanten: „Entschuldigung, können Sie mir sagen, wie ich zum
Bahnhof komme?"

_____

_____

„Ich habe von der lauten Musik richtige Kopfschmerzen bekommen!" beklagte sich die Besucherin des Rockkonzerts.

_____

_____

Die Pilzsammlerin erzählte ihrer Nachbarin: „ Als ich gestern im Wald war, lief keine 20 Meter
entfernt von mir ein Wolf vorbei."

_____

_____

Das Komma zwischen Haupt- und Nebensatz 1

Hauptsätze und Nebensätze werden durch Kommas getrennt. Sprechpausen, die du beim Lesen machst, deuten oft auf die Stelle hin, an der ein Komma zu setzen ist. Nebensätze kannst du auch daran erkennen, dass sie häufig durch **Konjunktionen** wie *als*, *da*, *weil*, *obwohl*, *wenn*, *nachdem*, *ob*, *damit*, *dass*, *sodass* eingeleitet werden. Der Nebensatz reicht von der Konjunktion bis zum Prädikat am Ende.

Sie holte ihre Jacke aus dem Haus , **da** *es sich draußen* **abgekühlt hatte**.

	Konjunktion		Prädikat
Hauptsatz		Nebensatz	

1 Lies dir den folgenden Text Satz für Satz durch und setze immer dort mit einem Bleistift einen Strich, wo du beim Sprechen eine Pause gemacht hast.

Anna war heute Morgen ganz schön aufgeregt als sie in den Bus stieg. Sie war sehr angespannt obwohl sie schon häufig mit einem Bus gefahren ist. Doch heute war es anders weil sie zum ersten Mal nach ihrem Umzug ihre neue Klasse kennenlernen würde. Bisher musste sie auch noch nie mit dem Bus zur Schule fahren da sie am Schulort gewohnt hatte. Sie wäre eigentlich gern in ihrer alten Schule geblieben wenn ihre Eltern nicht aus beruflichen Gründen hätten umziehen müssen.

2 Die Nebensätze des Textes oben beginnen alle mit einer Konjunktion. Unterstreiche die Konjunktionen in den Sätzen und kontrolliere, ob du deinen Bleistiftstrich immer vor die Konjunktion gesetzt hast.

3 Verbinde die folgenden Sätze. Verwende dabei der Reihe nach die Konjunktionen *obwohl*, *weil* und *nachdem*. Vergiss nicht, in jedem Satz ein Komma zu setzen. Achte auch darauf, dass sich der zweite Satz verändert.

Das Segelboot verließ den Hafen. Die See war sehr stürmisch.

_____

_____

Die Rockband musste ihr Konzert absagen. Der Sänger der Gruppe war erkrankt.

_____

_____

Ole erhielt einen Ferienjob. Er hatte eine Annonce aufgegeben.

_____

_____

Das Komma zwischen Haupt- und Nebensatz 2

1 Unterstreiche im folgenden Text als erstes die einleitende Konjunktion und das Prädikat jedes Nebensatzes.

Computerfreak

David verbringt sehr viel Zeit zu Hause, weil er ein Notebook geschenkt bekommen hat. Für ihn gibt es viel auszuprobieren, obwohl er kein Anfänger mehr ist. Er hat sich zu dem Gerät auch gleich neue Software gewünscht, damit er professionelle Vorlagen erstellen kann. David hatte sich sofort gemeldet, als im letzten Schuljahr in seiner Schule eine Computer-AG angeboten wurde. Mit dem Notebook will er die Druckvorlage für die Schülerzeitung erstellen, wenn er seinen neuen Drucker erhalten hat. David kann sich gut vorstellen, dass sein Hobby einmal zu seinem Beruf wird.

Nicht alle Sätze sind nach dem Schema **Hauptsatz**, **Nebensatz** gebaut. Sätze können auch mit einem Nebensatz beginnen, dem ein Hauptsatz folgt. Das Komma steht dann am Ende des Nebensatzes.

Als Anna heute Morgen in den Bus **stieg**, war sie ganz schön aufgeregt.

Konjunktion		Prädikat	Komma	
	Nebensatz			Hauptsatz

---

2 Stelle die Sätze des Textes aus Aufgabe **1** nun so um, dass die Sätze jeweils mit dem Nebensatz beginnen. Dabei ändert sich im Hauptsatz die Reihenfolge der Wörter etwas.

Weil er Notebook geschenkt bekommen hat, verbringt...

Ein Komma bei *dass*-Sätzen setzen

Auf Verben, die ein Sagen, Denken, Meinen, Fühlen oder Sehen ausdrücken, folgen häufig **dass-Sätze**. Solche Verben sind z. B. *sagen, meinen, vorschlagen, behaupten, vergessen, verlangen, angeben, fordern, wissen, beweisen, feststellen, denken, sehen, bemerken, fühlen, sich freuen.*

*Paul hatte vergessen, **dass** sie sich schon um 14.00 Uhr an der Eisdiele treffen wollten.*

Vor der Konjunktion **dass** steht immer ein Komma.

1 Markiere in den folgenden Sätzen die Konjunktion *dass* und das Verb, das vor den *dass*-Sätzen steht. Setze dann die fehlenden Kommas ein.

In Umfragen sagen Kinder und Jugendliche bis 14 Jahren dass ihnen Freundschaft total wichtig ist.

Die meisten hoffen dass alle Kinder ohne Gewalt aufwachsen können.

Sie fürchten dass besonders Kinder in Kriegs- und Krisengebieten ohne Schutz sind.

Die Umfrage ergab dass sich Mädchen mehr für die Situation anderer interessieren als die Jungen.

Fast die Hälfte der Befragten gibt an dass Ehrlichkeit für sie besonders wichtig ist.

Auch fast die Hälfte meinte dass Zuverlässigkeit und Treue eine große Rolle in ihrem Leben spielen.

Allerdings glauben nur wenige dass Ordnung in ihrem Leben wichtig ist.

2 Bilde mit den folgenden Verben eigene *dass*-Sätze.

sehen: Ich habe gesehen, dass ... _____

_____

_____

wissen: _____

_____

_____

behaupten: _____

_____

_____

Stratego 7

Lösungen
ISBN 978-3-14-124067-2

Seite 4 bis 5
siehe Wörterliste

Seite 6
1 Rabatz, meistens, ordentlich, Schublade, verstreut, hole, Teppich, Staubsauger, funkelt, glücklich, totarbeiten

Seite 8
2 siehe Wörterliste

Seite 9
1 éndlos, entlassen, Éndspiel, entlang, éndgültig, entlaufen
2 leidend, aufregend, Abonnent, permanent, glühend, Patient, spielend, Talent, Element, liebend, lärmend, turbulent, Prozent, Moment, verletzend, tausend

Seite 10
1 die Freiheit, die Krankheit, die Faulheit, die Seltenheit, die Neuheit, die Echtheit, die Reinheit
2 die Farbigkeit, die Lässigkeit, die Ewigkeit, die Tapferkeit, die Heiserkeit
3 die Verfolgung, die Verpflegung, die Prüfung, die Überwindung, die Landung, die Verzeihung, die Vererbung
4 das Eigentum, das Altertum, der Irrtum
5 das Zeugnis, das Verzeichnis, das Hindernis, das Geheimnis
6 die Meisterschaft, die Mannschaft, die Eigenschaft, die Verwandtschaft

Seite 11
2 Beeren, Lärchen, Mal, Bär, Miene, Weise, ist, Beeren, isst, Waise, sank, leerten, ließ, Malen

Seite 12
siehe Wörterliste

Seite 13
2 Gelee, See/Meer Porree, Orchidee, Beet, Tee/Kaffee

Seite 14
1 we-hen, ste-hen, fle-hen, dre-hen, ru-hig, dro-hen, einwei-hen, verzei-hen, aufblä-hen, Kü-he, Ehe, bemü-hen, Brü-he, bezie-hen, ge-hen, hö-her, lei-hen, mä-hen, sprü-hen

Seite 15
2 Wörter mit Dehnungs-h: führen, gähnen, Rahmen, strahlen, Sahne, zähmen, Strähne, berühmt, Sehne, fehlen, ernähren, Sohn, Kuhle, puhlen, nehmen, fühlen, bohren / Wörter ohne Dehnungs-h: Tränen, Plan, schwören, Spur, spülen, Kran, schwer, Pore, schwül, schälen, Krone, sparen, Ton

Seite 16
siehe Wörterliste

Seite 17
1 Bismark, Meize, Melzer, Wurzel, Beekemann, Baukmeier
2 Brückenkopf, Königsbrink, Schnitzelgasse, Lorzingplatz, Raukenhof, Handwerkerviertel, Bolzplatz
3 Aktiv, Atlantik, Diktat, diktieren, Fabrik, Grammatik, Mathematik, Musik, Paket, Plakat, Politik, Physik, Spektakel, Taktik, Technik

Seite 18
2 Wörter mit s:Gleis – Gleise, Greis – Greise, Preis – Preise, Moos – Moose, Reis – des Reises, Los – Lose, Schmaus – schmausen, Kies – Kiesel, Glas – Gläser, nervös – nervöse / Wörter mit ß: Fleiß – fleißig, Schweiß – schweißen, Gefäß – Gefäße, Maß – Maße, Kloß – Klöße, Spieß – spießen, süß – Süße, bloß – Blöße, Schoß – Schöße, Strauß – Sträuße,
4 fließen, weisen, reisen, weißen

Seite 19
1 und 2 beißen: bissig, er beißt, er biss / lassen: er lässt, lässig, ließ / wissen: er wusste, ich weiß, gewusst / schließen: das Schloss, du schließt, der Schluss / messen: er misst, gemessen, mäßig / vergessen: du vergisst, vergaß, vergesslich / fließen: der Fluss, flüssig, es fließt / schießen: abschießen, der Schuss, geschossen

Seite 20
1 Ähre/Ehre, Wände/Wende, Gäste/Geste
2 und 3 siehe Wörterliste
4 los – lose, Schmaus – schmausen, Kloß – Klöße, Pflaumenmus – Muse, Schweiß – Schweißes, Preis – Preise

Seite 21
1 Das h in ruhig ist ein silbentrennendes h, weil es zwischen zwei Vokalen von zwei Silben steht.
2 nach Kurzvokal schreibe ich tz und ck; nach Konsonant, Langvokal und Zwielaut z und k
3 Richtig sind die Antworten b) und c).
4 Richtig sind die Antworten a) und c).
5 hassen; Beispiele für verwandte Wortformen: Hassliebe, verhasst, gehässig

Seite 22
1 Kür-bis – Kür-bis-se, Om-ni-bus – Om-ni-bus-se, Ärz-tin – Ärz tin-nen, Leh-re-rin – Leh-re-rin-nen, Läu-fer-in – Läu-fer-in-nen, Ver-käu-fer-in – Ver-käu-fer-in-nen, Er-geb-nis – Er-geb-nis-se, Ge-fäng-nis – Ge-fäng-nis-se, Ge-heim-nis – Ge-heim-nis-se, Zeug-nis – Zeug-nis-se, Lux-us
2 Aro-ma – Aro-men, At-las – At-las-se/At-lan-ten, Bal-kon – Bal-kons/Bal-ko-ne, Bal-lon – Bal-lons/Bal-lo-ne, Ba-zil-lus – Ba-zil-len, Be-steck – Be-ste-cke, Bö-se-wicht – Bö-se-wich-te, Dis-kus – Dis-kus-se/Dis-ken, Fir-ma – Fir-men, Glo-bus – Glo-bus-se/Glo-ben, Grill – Grills, Kak-tus – Kak-tus-se/ Kak-te-en, Kas-ten – Käs-ten, Klotz – Klöt-ze, Kom-ma – Kom-mas/Kom-ma-ta, Ma-gen – Mä-gen, Mu-se-um – Mu-se-en, Pra-xis – Pra-xen, Rhyth-mus – Rhyth-men

Seite 23
1 siehe Wörterliste
2 Stadtcafé, gestylte, Büfett/Bufett, Kaffee, Cent, Happy End/Happy-end

Seite 24
2 Aroma, aromatisch / schematisch, Schema / Humor, humoristisch / diagonal, Diagonale / extrem, Extremitäten / figürlich, Figur / genial, Genialität / mumifizieren, Mumie / ironisch, Ironie / komisch, Komiker / Spionage, spionieren / natürlich, Natur / organisch, Organ / Panik, panisch
3 Aroma, Diagonale, Extremitäten, Figur, Genialität, Humor, Ironie, Komiker, Natur, Mumie, Organ, Panik, Schema, Spionage

Seite 25

2 -ie: Garantie, Regie, Energie, Poesie, Industrie, Melodie, Kopie, Sympathie, Batterie / -ine: Marine, Praline, Gardine, Maschine, Margarine, Lawine, Kabine, Routine, Limousine / -il: mobil, Fossil, stabil, labil, Ventil, Reptil, Krokodil, textil iv: primitiv, offensiv, alternativ, instinktiv, konstruktiv, kreativ, aggressiv, produktiv, massiv
4 siehe Wörterliste

Seite 28

2 falsch getrennte Wörter: Zwergel-stern, Pockenschut-zimpfung, Torf-laute, Ba-ckobst, Federe-tui, Popfe-stival / „komische" Trennungen: Tontel-ler, Stiefel-tern, Fange-folge. Richtige bzw. sinnvolle Trennungen: siehe Wörterliste

Seite 29

Liebe Frau Schmidt,
sicherlich haben Sie sich schon gewundert, dass ich mich so lange nicht gemeldet habe. Jetzt dürfen Sie nicht denken, dass ich Sie vergessen habe, aber ich war fast zwei Wochen lang an einer Grippe erkrankt, sodass ich Ihnen wirklich nicht schreiben konnte. Deshalb kann ich Ihnen auch nicht viel Neues berichten. Bei Ihnen war es sicherlich anders. Eigentlich wollten Sie doch für eine Woche verreisen. Beim letzten Mal haben Sie noch geschrieben, dass Sie zu Ihrer Tante fahren wollten. Was haben Sie in der Zeit mit Ihren beiden Hunden gemacht? Vielleicht schreiben Sie mir, wie es Ihnen ergangen ist.
Viele liebe Grüße von Ihrer
Ilka

Seite 30

1 siehe Wörterliste

Seite 31

1 auseinanderlaufen, auseinandersetzen/entgegenkommen, entgegenfahren, entgegenlaufen/herauskommen, herausfahren, herauslaufen, herausgeben/hinterherkommen, hinterherfahren, hinterherlaufen/umherfahren, umherlaufen/zusammenkommen, zusammenfahren, zusammenlaufen, zusammensetzen
2 Wir sind im Streit auseinandergegangen, und hatten nicht vor, wieder zusammenzukommen. / Ich bin ihr ein Stück mit dem Rad entgegengefahren, um sie auf dem Gepäckträger umherzufahren. / Wir haben uns eine Zeitlang gegenübergestanden, ohne uns wirklich anzusehen. / Wir sind aus dem Schwimmbad herausgekommen und gingen zu unseren Plätzen, um uns abzutrocknen.

Seite 32

1 a) Wir müssen zusammenhalten, wenn wir die Gegner besiegen wollen. / b) Beim Aufstellen der Leiter müssen wir sie zusammen halten. / c) Ich muss nur noch schnell meine Sachen zusammenpacken. / d) Die Auto sind bei dem Unfall zusammengefahren. / e) In die Schule bin ich mit meiner Mutter zusammen gefahren. / f) Wir haben den schweren Wagen zusammen gezogen. / g) Die Wolken haben sich bedrohlich zusammengezogen. / h) Wollen wir nicht etwas zusammen tun? / i) Wir sollten uns zusammentun, wenn wir das schaffen wollen! / j) Lass und doch deine Armbanduhr zusammen suchen. / k) Sie muss erst noch ihre Schulsachen zusammensuchen. / l) Mara und Joe haben schon immer zusammengehört. / m) Sie haben auch immer Musik zusammen gehört. / n) Wir haben alle Steine im Garten zusammengelesen. / o) Die Geschichte haben sie vor der Klasse zusammen gelesen. / p) Die Schüler sollen den Text kurz zusammenfassen. / q) Kannst du deine Hände ganz fest zusammen fassen? / r) Den eingestürzten Schuppen müssen wir wieder zusammenbauen.

Seite 33

siehe Wörterliste

Seite 34

1 <u>das</u> Trommeln, <u>unser</u> Trommeln, <u>vom</u> Trommeln, <u>lautes</u> Trommeln
2 <u>beim</u> Einkaufen, <u>mein</u> Suchen, <u>zum</u> Bleiben, <u>ein kurzes</u> Warten
3 das Zittern, erschüttern, leben, das Wohnen, beim Mieten, bezahlen, ihr Suchen, vollbringen, vom Fahren, das langsame Fortbewegen

Seite 35

1 <u>Der neue</u> Schüler, <u>ein</u> Großer, <u>den</u> Platz / <u>die</u> Katze, <u>ihren kleinen</u> Kindern, <u>auf dem</u> Hof, <u>ein</u> Hund, <u>die</u> Kleinen / <u>in den</u> Ferien, <u>ein aufregendes</u> Erlebnis, <u>nichts</u> Aufregendes
2 und 3 etwas Langweiliges, nichts Fetziges, ein Obercooler, viel Vernünftiges, etwas Sinnvolles
4 <u>beim</u> Hochziehen, <u>etwas</u> Geheimnisvolles, <u>das</u> Entdecken, <u>manches</u> Unbekannte, <u>wissenschaftliches</u> Untersuchen

Seite 36

kleingeschriebene Zeitangaben: mittags, tagsüber, gestern, vorgestern, übermorgen, nachts, freitagmittags / großgeschriebene Zeitangaben: am Nachmittag, gegen Abend, am Freitagmorgen, eines schönen Morgens, den ganzen Vormittag, der Sonntagmorgen, des Nachts / zwei kombinierte Zeitangaben: heute Morgen, gestern Abend

Seite 37

1 z.B. aus Neugier, vor Schreck, am Ende, am Schluss, aus Versehen, vor Angst, eine Weile, mit Absicht, aus Mitleid, vor Vergnügen, vor Langeweile, aus Spaß
2 eine Weile, Am Ende/aus Neugier/aus Langeweile, vor Vergnügen, vor Schreck/aus Angst, aus Mitleid, vor Schreck/vor Angst, aus Versehen, mit Absicht

Seite 38

Am Abend, vom Aufziehen, vor dem Einschlafen, etwas Ungeahntes, beim Lesen, zum Ruhen, am Morgen, nichts Gutes, das Missachten, das ständige Verstoßen, gutes Schlafen, regelmäßiges Essen, das gute Funktionieren, ein Ausschlafen, etwas Wertvolles, das Ruhen

Seite 39

1 Pronomen und Adjektive sind Signale für die Großschreibung von Verben. / Stehen zwei Zeitangaben nebeneinander, wird die zweite in der Regel großgeschrieben.
2 Das Wort „Verrücktes" wird in diesem Satz großgeschrieben, weil es ein Adjektiv ist, vor dem das Signal etwas steht. „Verrücktes" ist in diesem Satz zu einem Nomen geworden. / Das Wort „Kreischen" wird in diesem Satz großgeschrieben, weil es ein Verb ist, vor dem ein Adjektiv steht. „Kreischen" ist in diesem Satz dadurch zu einem Nomen geworden.
3 dem Legen, das Brüten, dem Schlüpfen, ihre Kleinen

Seite 40

1 und 2 B „Was haben Sie mit meiner Wäsche gemacht?", fragt Frau Schwarz ganz ärgerlich. / C Die Bedienung entgegnet erstaunt: „Aber die Serviette ist doch wunderbar weiß geworden!" / D „Das war keine Serviette, sondern das war ein Bettlaken für ein Doppelbett", erwidert Frau Schwarz.
3 Beim Zoll Eckard bringt aus der Südsee einen Papagei mit und soll nun Zollgebühren bezahlen. <u>„Ein lebender Papagei kostet 380 Euro"</u>, erklärt ihm der Zollbeamte. Eckard ist über die Höhe der Gebühr erstaunt und fragt: <u>„Gibt es keine günstigere Möglichkeit?"</u> <u>„Ausgestopft ist das Tier zollfrei"</u>, entgegnet ihm der Mann vom Zoll. <u>„Eckard, mach bloß keinen Mist!"</u>, ertönt da auf einmal eine Stimme aus dem Käfig.

(Fortsetzung der Lösungen auf Seite 5)

Wörterliste

Aal
Abend
ablehnen
Abschied
absichtlich
Acht geben
Ägypten
ähnlich
akzeptieren
Analyse
ändern
anstrengend
Äquator
Ärger
ärgerlich
Armee
Ärmel
Aro-men
aromatisch
Äste
At-las-se/At-lan-ten
ätzend
aufregend
aushecken
Ausnahme

Back-obst
Balken
Bal-kons/Bal-ko-ne
Bal-lons/Bal-lo-ne
Ba-zil-len
Beere
Beet
beinahe
berühmt
Bescheid sagen
beschweren
beständig
Be-ste-cke
besten – am besten
bitterkalt
blamieren
bloß
bohren
Bö-se-wich-te

Champion
Chatroom
checken
Clown
Computer
Container
cool
Cornedbeef
Cornflakes
Cousin
Cowboy
Currywurst

diagonal
Diagonale
Diät
Differenz
Diebstahl
Diktat
Dis-kus-se/Dis-ken
diskutieren
drängeln
dunkelrot

Echo
echt
ehrlich
Ei-er-ku-chen
einprägen
ekelig
elegant
Eltern
Embryo
empfindlich
Endspiel
entfernt
Erde
Erfolg
erfolgreich
erlaubt
ermahnen
ernähren
Esche
Essig
extrem
Extremitäten

faulig
Fe-der-etui
fehlen
feierlich
feindlich
Feld
Fell
fertig bringen/fertigbringen
fertig machen/fertigmachen
fertig stellen/fertigstellen
Figur
figürlich
Fir-men
Fläche
Fleiß
fotografieren
fremd
freundlich
Frikassee
Frottee
fühlen
führen
Füll-hal-ter-etui

gähnen
ganz
gecheckt
gefährlich
gefällt
Gefäß
geglaubt
Gegner
Gelee
genial
Genialität
Geschmack
gesund
gewagt
gezeigt
Glas
Gleis
Glo-bus-se/Glo-ben
Greis
Grieß
Grills
grün anstreichen
grünlich
gruselig

Haar
Haken
halb
halb krank vor Angst
halb verstanden
Handball spielen
Hände
Heer
herrlich
herzlich
Hilfe suchen
Humor
humoristisch
Hus-ten
Hustenreiz

Idee
imitieren
imp-fen
interessieren
Ironie
ironisch

jährlich
Jockey

Kaffee
Kak-tus-se/Kak-te-en
kalt geworden
Kas-ten
kennen gelernt/kennengelernt
Ketchup
Kies

Klamauk
klar
kindlich
kitzelig
Klamauk
Klam-mer
Klee
klein schneiden/kleinschneiden
kleiner schneiden
klönen
Kloß
Klöt-ze
Komiker
komisch
Kom-mas/Kom-ma-ta
Korb
Kran
kribbelig
Krone
Kuhle

leer
legt
links
Los
lügt

Maß
Meer
Moos
Mumie
mumifizieren
Mu-se-en
mutig
Mut machen

nachahmen
nasskalt
Natur
natürlich
neblig
nehmen
Neid
nervös
niemand
Not
Notiz
Notizbuch
nummerieren

Orchidee
Organ
organisch

Paar
Panik
panisch
Pech haben
peinlich
perfekt
persönlich
Physik

pickelig
Plan
Platz machen
plötzlich
plump
Po-cken-schutz-imp-fung
Politik
Pommes frites
Pop-fes-ti-val
Pore
Porree
Portemonnaie/Portmonee
portraitieren
Pra-xen
Preis
pulen

Quadrat
Qualität

Rahmen
Rech-nung
Reis
reparieren
respektieren
Rhythmus/Rhyth-men

Saal
Saat
Sahne
Salat
Schale
schälen
schämen
scharf einstellen
Schema
schematisch
schiebt
Schlagzeug spielen
schmal
Schmaus
schmutzig machen
Schnee
Schnur
schon
Schoß
Schuld
Schuld haben
Schweiß
schwer
Schwimm-meis-ter-schaft
schwindelig
schwören
schwül
See
Seele
Sehne
selbst
Senf
Showmaster
Silvester
simulieren

Skateboard fahren
Ski laufen
Sohn
spannend
sparen
Speer
Sperre
Spieß
Spionage
spionieren
Sport treiben
spülen
Spuk
Spur
Staat
stachelig
stark
Stief-el-tern
strahlen
Strähne
Straße
Strauß
subtrahieren
superschlau
süß
süßlich
sympathisch

Tee
Teer
The-a-ter
tobt
Ton
Tor-flau-te
trainieren
Tränen
Trick
trotzdem

Verbot
Verkehr
verletzen
verwöhnen
völlig

Waage
wackelig
We-cker
Well-pap-pe
Wirbelwind

zähmen
zappelig
Zeitplan
ziemlich
zornig
zuletzt
zuverlässig
Zweig
Zwerg-els-tern

Seite 41

1 „In der nächsten Woche", <u>kündigte ihre Sportlehrerin an</u>, „werden wir das erste Mal in diesem Jahr auf den Sportplatz gehen." / „Werden wir in diesem Jahr nur die 400m laufen", <u>wollte Torben wissen</u>, „oder auch die 800m?" / „Nicht nur die", <u>erwiderte die Sportlehrerin</u>, „auch die 1000m gehen wir dieses Jahr an." / „Das bedeutet", <u>meinte Svenja zu ihrer Freundin</u>, „dass wir viel Ausdauertraining machen werden."

2 „Entschuldigung", fragte der Autofahrer den Passanten, „können Sie mir sagen, wie ich zum Bahnhof komme?" / „Ich habe", beklagte sich die Besucherin des Rockkonzerts, „von der lauten Musik richtige Kopfschmerzen bekommen." / „Als ich gestern im Wald war", erzählte die Pilzsammlerin, „lief keine 20 Meter entfernt von mir ein Wolf vorbei."

Seite 42

2 Anna war heute Morgen ganz schön aufgeregt / <u>als</u> sie in den Bus stieg. Sie war sehr angespannt / <u>obwohl</u> sie schon häufig mit einem Bus gefahren ist. Doch heute war es anders / <u>weil</u> sie zum ersten Mal nach ihrem Umzug ihre neue Klasse kennenlernen würde. Bisher musste sie auch noch nie mit dem Bus zur Schule fahren / <u>da</u> sie am Schulort gewohnt hatte. Sie wäre eigentlich gern in ihrer alten Schule geblieben/ <u>wenn</u> ihre Eltern nicht aus beruflichen Gründen hätten umziehen müssen.

3 Das Segelboot verließ den Hafen, obwohl die See sehr stürmisch war. / Die Rockband musste ihr Konzert absagen, weil der Sänger der Gruppe erkrankt war. / Ole erhielt einen Ferienjob, nachdem er eine Annonce aufgegeben hatte.

Seite 43

1 Computerfreak David verbringt sehr viel Zeit zu Hause, <u>weil</u> er ein Notebook <u>geschenkt bekommen hat</u>. Für ihn gibt es viel auszuprobieren, <u>obwohl</u> er kein Anfänger mehr <u>ist</u>. Er hat sich zu dem Gerät auch gleich neue Software gewünscht, <u>damit</u> er professionelle Vorlagen <u>erstellen kann</u>. David hatte sich sofort gemeldet, <u>als</u> im letzten Schuljahr in seiner Schule eine Computer-AG <u>angeboten wurde</u>. Mit dem Notebook will er die Druckvorlage für die Schülerzeitung erstellen, <u>wenn</u> er seinen neuen Drucker <u>erhalten hat</u>. David kann sich gut vorstellen, <u>dass</u> sein Hobby einmal zu seinem Beruf <u>wird</u>.

2 Weil er ein Notebook geschenkt bekommen hat, verbringt David sehr viel Zeit zu Hause. Obwohl er kein Anfänger mehr ist, gibt es für ihn viel auszuprobieren. Damit er professionelle Vorlagen erstellen kann, hat er sich zu dem Gerät gleich neue Software gewünscht. Als im letzten Jahr in seiner Schule eine Computer-AG angeboten wurde, hatte er sich sofort gemeldet. Wenn er seinen neuen Drucker erhalten hat, will er mit dem Notebook die Druckvorlage für die Schülerzeitung erstellen. Dass sein Hobby einmal zu seinem Beruf wird, kann sich David gut vorstellen.

Seite 44

1 In Umfragen <u>sagen</u> Kinder und Jugendliche bis 14 Jahren, <u>dass</u> ihnen Freundschaft total wichtig ist. / Die meisten <u>hoffen</u>, <u>dass</u> alle Kinder ohne Gewalt aufwachsen können. / Sie <u>fürchten</u>, <u>dass</u> besonders Kinder in Kriegs- und Krisengebieten ohne Schutz sind. / Die Umfrage <u>ergab</u>, <u>dass</u> sich Mädchen mehr für die Situation anderer interessieren als die Jungen. / Fast die Hälfte der Befragten <u>gibt an</u>, <u>dass</u> Ehrlichkeit für sie besonders wichtig ist. / Auch fast die Hälfte <u>meinte</u>, <u>dass</u> Zuverlässigkeit und Treue eine große Rolle in ihrem Leben spielen. / Allerdings <u>glauben</u> nur wenige, <u>dass</u> Ordnung in ihrem Leben wichtig ist.

Seite 45

1 erzählt (1), berichten (2), weiß (4), merkten (10), fürchteten (11), achteten (12), festzustellen (13), vorstellen (14), beweist (16)

Seite 46

1 Mit ängstlicher Stimme sagt ein Anrufer: „Hilfe, kommen Sie sofort und retten Sie mich!" „Was ist denn passiert?" will der Polizist wissen. „Sie müssen sofort kommen", fleht der Anrufer, „hier läuft ein gefährliches Tier herum!" „Können Sie mir sagen, um was für ein Tier es sich handelt?" „Es ist eine Katze", sagt die Stimme, „und wenn Sie nicht gleich kommen, dann frisst Sie mich." Erstaunt fragt der Polizist nach: „Wer sind Sie denn?" „Ich bin der Papagei", erwidert der Anrufer.

2 Mückenopfer Weil es den ganzen Tag so heiß gewesen war, hatte sich Tanja erst am Abend mit ihrer Freundin zum Joggen getroffen. Nachdem sie dann völlig verschwitzt ihre Runde beendet hatten, fing es bei Tanja auch schon fürchterlich an zu jucken. Arme und Beine waren voller Mückenstiche, obwohl sie beim Laufen gar keine Mücken bemerkt hatte. Sie konnte ja nicht ahnen, dass sie ein ideales Mückenopfer gewesen war. Wenn sie die Untersuchungsergebnisse von Wissenschaftlern gekannt hätte, wäre sie vielleicht nicht so überrascht gewesen. Abends mit einem dunklen T-Shirt zu joggen ist besonders gefährlich, da Mücken nachweislich besonders durch Körperschweiß und dunkle Kleidung angezogen werden.

3 Glück gehabt Der kleine Junge glaubte, ~~das~~ **dass** er die Straße noch vor dem Auto überqueren könnte. Wie sich herausstellte, war ~~dass~~ **das** ein Fehler. Zum Glück erkannte der Autofahrer, **dass** der Junge die Situation falsch eingeschätzt hatte. Er machte sofort eine Vollbremsung und hoffte, ~~das~~ **dass** sein Auto rechtzeitig zum Stehen kommen würde. Auch der Junge erkannte im letzten Moment, ~~das dass~~ **dass** ~~das~~ Auto schneller als gedacht fuhr. Das Auto kam rechtzeitig zum Stehen, ~~dass~~ **das** Kind kam mit einem Schrecken davon.

Seite 47

1 Zwischen einem Redesatz und einem Begleitsatz steht immer ein Komma. / Ein dass-Satz leitet einen Nebensatz ein. / Sätze können sowohl mit einem Nebensatz als auch mit einem Hauptsatz beginnen.

2 In diesem Satz steht ein Komma, weil die Konjunktion dass einen Nebensatz einleitet, der durch ein Komma vom Hauptsatz getrennt wird.

3 „Bevor du heute in die Stadt gehst", meinte Paulas Mutter, „habe ich noch einen kleinen Auftrag für dich." „Kann ich das nicht danach machen?" bettelte Paula. Doch die ihre Mutter blieb hart und entgegnete: „Nein!"

4 Viele ältere Menschen erkranken an Hautkrankheiten, weil sie sich in jungen Jahren zu lange ohne ausreichenden Sonnenschutz im Freien aufgehalten haben. Man sollte daher beim Sonnenbaden Sonnenschutzmittel mit einem hohen Lichtschutzfaktor verwenden, damit die Haut optimal geschützt ist.

5 Weil sie sich in jungen Jahren zu lange ohne ausreichenden Sonnenschutz im Freien aufgehalten haben, erkranken viele ältere Menschen an Hautkrankheiten. Damit die Haut optimal geschützt ist, sollte man daher beim Sonnenbaden Sonnenschutzmittel mit einem hohen Lichtschutzfaktor verwenden.

Seite 48

2 am Samstagmorgen / entlangfahren / wenig Verkehr / voran / gegen Mittag, allmählich, der Hunger, ihr Geld / fröhlich / zehn Minuten / aus Unachtsamkeit / mussten, ihrem Ärger / abzulenken / vorwärts / das Fahren, außerdem / anstrengen, abends / zornig

5

Sätze mit *dass* und *das* unterscheiden

1 In neun Lücken des Textes gehört die Konjunktion *dass*.
Du erkennst die *dass*-Sätze daran, dass vor der Lücke
immer ein Verb des Sagens, Meinens und Fühlens steht.
Markiere das Verb und setze die Konjunktion *dass* ein.

Seltsame Gebräuche

In vielen Märchen wird erzählt, (1) _____ an Königshöfen

so herrlich getafelt wurde. Die Erzähler berichten davon, (2) _____ die Könige

und ihre Gäste gierig in die saftig gebratenen Rebhühner hineinbissen. Die wenigen Reste

warfen sie einfach mit Schwung hinter sich. Es waren ja die Diener, die (3) _____

aufsammeln durften. Noch heute weiß man, (4) _____ noch im 16. Jahrhundert recht raue

Ess-Sitten an den Höfen geherrscht haben. Übrigens waren (5) _____ etwa die glei-

chen, die an den Tischen der Bauern üblich waren. (6) _____ Meistens hat man

mit den Fingern und aus der Hand gegessen. Bestimmt war (7) _____ nicht gerade schön

anzusehen. Bei Hofe war (8) _____ allerdings viel komplizierter als am Bauerntisch.

(9) _____ lag an den langen Tafeln. Die meisten Gäste merkten schnell, (10) _____ sie

schlecht an die Köstlichkeiten herankamen. Sie fürchteten, (11) _____ sie beim Essen

zu kurz kamen. So achteten sie sehr darauf, (12) _____ sie ihre eigenen langen Holzlöf-

fel nicht vergaßen. Auch wenn sich später die Tischsitten verfeinerten, so war doch immer

wieder aufs Neue festzustellen, (13) _____ Unmengen an Speisen verbraucht wurden.

Kannst du dir vorstellen, (14) _____ zu einem alltäglichen Mittagessen rund 30 ver-

schiedene Gerichte gehörten? Und (15) _____ war für die damalige Zeit ganz normal.

Eine Quelle aus dieser Zeit beweist, (16) _____ zu einem zweitägigen Fest zwei Ochsen,

38 Stück Wild, 300 Fasane, 400 Rebhühner, 300 Wacholderdrosseln, 20 Schafe, 40 Kälber,

300 Hähnchen, 50 Enten, 20 Gänse, 4800 Eier gegessen und dazu Tausende Liter Wein

getrunken wurden.

2 Setze nun in die verbleibenden Lücken ein *das* ein. Kontrolliere, dass vor dem „*das*" kein
Verb des Sagens, Meinens und Fühlens steht.

Übungen

1 Bei der Polizei geht folgender Notruf ein. Setze im Text die fehlenden Zeichen.

Mit ängstlicher Stimme sagt ein Anrufer Hilfe, kommen Sie sofort und retten Sie mich
Was ist denn passiert will der Polizist wissen
Sie müssen sofort kommen fleht der Anrufer hier läuft ein gefährliches Tier herum Können Sie mir sagen, um was für ein Tier es sich handelt
Es ist eine Katze sagt die Stimme und wenn Sie nicht gleich kommen, dann frisst Sie mich
Erstaunt fragt der Polizist nach Wer sind Sie denn
Ich bin der Papagei erwidert der Anrufer

2 Im folgenden Text fehlen sechs Kommas. Wenn du auf die Konjunktionen achtest, wirst du sie sicherlich setzen können.

Mückenopfer

Weil es den ganzen Tag so heiß gewesen war hatte sich Tanja erst am Abend mit ihrer Freundin zum Joggen getroffen. Nachdem sie dann völlig verschwitzt ihre Runde beendet hatten fing es bei Tanja auch schon fürchterlich an zu jucken. Arme und Beine waren voller Mückenstiche obwohl sie beim Laufen gar keine Mücken bemerkt hatte. Sie konnte ja nicht ahnen dass sie ein ideales Mückenopfer gewesen war. Wenn sie die Untersuchungsergebnisse von Wissenschaftlern gekannt hätte wäre sie vielleicht nicht so überrascht gewesen. Abends mit einem dunklen T-Shirt zu joggen ist besonders gefährlich da Mücken nachweislich besonders durch Körperschweiß und dunkle Kleidung angezogen werden.

3 Im folgenden Text haben sich sechs Fehler eingeschlichen. Nicht immer wurde *das* oder *dass* richtig verwendet. Streiche das fehlerhafte Wort durch und schreibe das richtige Wort daneben.

Glück gehabt

Der kleine Junge glaubte, *das* _____ er die Straße noch vor dem Auto überqueren könnte.

Wie sich herausstellte, war *dass* _____ ein Fehler. Zum Glück erkannte der Autofahrer,

dass _____ der Junge die Situation falsch eingeschätzt hatte. Er machte sofort eine Vollbrem-

sung und hoffte, *das* _____ sein Auto rechtzeitig zum Stehen kommen würde. Auch der

Junge erkannte im letzten Moment, *das* _____ *dass* _____ Auto schneller als gedacht fuhr.

Das Auto kam rechtzeitig zum Stehen, *dass* _____ Kind kam mit einem Schrecken davon.

46

Überprüfe dich selbst

1 Nur drei der Aussagen sind richtig. Kreuze die richtigen Aussagen an. ⭕

☐ Ein Redesatz, der vor einem Begleitsatz steht, endet mit einem Punkt, mit einem Fragezeichen oder mit einem Ausrufezeichen.

☐ Zwischen einem Redesatz und einem Begleitsatz steht immer ein Komma.

☐ Ein *dass*-Satz leitet einen Nebensatz ein.

☐ An den Konjunktionen *weil* und *nachdem* erkennt man einen Hauptsatz.

☐ Sätze können sowohl mit einem Nebensatz als auch mit einem Hauptsatz beginnen.

2 Begründe, warum im folgenden Satz ein Komma stehen muss. ⭕

Er hoffte sehr, dass er dieses Mal eine gute Arbeit geschrieben hatte.

In diesem Satz steht ein Komma, weil ... _____

_____

3 Setze die fehlenden Zeichen. ⭕

> Bevor du heute in die Stadt gehst meinte Paulas Mutter habe ich noch einen kleinen Auftrag für dich.
> Kann ich das nicht danach machen bettelte Paula.
> Doch ihre Mutter blieb hart und entgegnete Nein

4 Setze in den beiden Sätzen das fehlende Komma. ⭕

> Viele ältere Menschen erkranken an Hautkrankheiten weil sie sich in jungen Jahren zu lange ohne ausreichenden Sonnenschutz im Freien aufgehalten haben.
> Man sollte daher beim Sonnenbaden Sonnenschutzmittel mit einem hohen Lichtschutzfaktor verwenden damit die Haut optimal geschützt ist.

5 Beide Sätze beginnen mit einem Hauptsatz. Stelle sie so um, dass sie mit dem Nebensatz beginnen. ⭕

_____

_____

_____

47

Arbeitstechnik: Fehler finden

1 Im folgenden Text sind 20 Fehler versteckt. Markiere alle Fehler, die du gleich beim ersten Lesen entdeckst. Die am Zeilenrand angegebene Fehlerzahl hilft dir, beim erneuten Durchsehen die anderen Fehler zu finden.

Fahrradtour mit Schwierigkeiten

Nach dem Frühstück am Samstag morgen fuhren Nina und Till	1
mit ihren Fahrrädern los. Sie wollten an der Bahnlinie endlangfahren,	1
weil dort weniger Ferkehr war. Mit leichtem Rückenwind und guter	1
Laune kamen sie schnell vorran. Nach mehreren Kilometern bekamen	1
sie gegen mittag allmählig hunger. Sie zählten ihr Gelt, das sie	4
mitgenommen hatten, und kauften sich eine Tüte Erdnüsse. Fröhlig	1
fuhren sie weiter. Ungefähr zehn minuten später hatte Till einen	1
Platten. Wahrscheinlich war er aus unachtsamkeit über ein Stück	1
Metall gefahren. Leider hatten sie kein Flickzeug dabei, sodass sie	
den restlichen Weg schieben musten. Um sich von ihrem Erger	2
abzulencken, erzählten sie sich gegenseitig Witze. Allerdings kamen	1
sie nur langsam vorwärtz, denn das Schieben verlangte mehr Zeit	1
als das fahren. Ausserdem ließen ihre Kräfte langsam nach, und sie	2
mussten sich kräftig ansträngen, damit sie noch Abends zu Hause	2
ankamen. Wie gut, dass ihr Eltern nicht zornich waren und es noch	1
leckeres Abendessen gab.	

2 Schreibe nun die fehlerhaften Stellen richtig auf.
Notiere zu den Nomen auch die Signalwörter.

zehn Minuten, ...

_____

_____

_____

_____

_____

_____

_____

_____

_____

_____

_____